世界に誇る【回数登山】ルートガイド

100回登っても飽きない金剛山

藤原久敏

日本屈指の登山者数を誇る、関西

100回登っても飽きない金剛山

【目次】

■写真素材■カメラ大好き、おっくん、M・O／PIXTA(ピクスタ)

１００回登っても飽きない金剛山

はじめに

同じ山に何度も登って、楽しいですか？

金剛山に一〇〇回以上も登っていると、たまに、そんな質問をされます。そして、その質問には声を大にしてお答えします、「はい、楽しいです」と。

金剛山は、大阪で一番高い山ですが、山頂は奈良県御所市にあります。

また金剛山は日本二〇〇名山のひとつですが、日本一〇〇名山ではありません。

でも実は、世界に誇る「回数登山」の山として、非常に有名なのです。

本文で詳しく触れていますが、登るごとに山頂でスタンプを押してもらえ、五十回以上となると、山頂の巨大掲示板に名前を掲げてもらえます。これは世界でも例を見ないシステムのようで、登頂一、〇〇〇回を超える猛者がゴロゴロいるのです。

また、山頂にある「ライブカメラ」も有名で、一時間ごとに撮られる写真目当てに、多くの人が、山頂でポーズを決めています。

他にも、楠木正成（南北朝動乱時の英雄）が城を築いた歴史の山でもあり、役行者（修験道の開祖）が修行をした山伏の山でもあります。また、樹氷や氷瀑（滝が凍ったもの）が楽しめる大自然の山でもありながら、大阪市内から一時間強とアクセス抜群なのです。

そんな身近な山なので、登山ルートも、実に豊富。

小さい子連れでも安心して登れるルート（ロープウェイもあります）から、日本アルプス登山の予行練習にも使える本格コースまで、一説には一〇〇以上のルートがあるとも言われております。本書では、その中からその中から六ルート（五ルート＋番外ルート）を厳選して、詳しく紹介していきます。

山頂付近にはレストラン、宿泊施設、本格天体望遠鏡、キャンプ場などもあって、その魅力は一言では言い尽くせません。

そんな「スゴイ」がたくさん詰まった金剛山の魅力を、本書では余すことなく、紹介しております。

本書をきっかけに金剛山の魅力に触れていただき、ぜひ一度（と言わず何度でも）、金剛山を訪れてもらえれば幸いです。

そして、かつて金剛山に登った経験のある方も、本書をきっかけに、久々に登ってみませんか？

既に何度も登っている方も、今まで知らなかった金剛山の魅力を再発見いただければ、著者としてこの上なく嬉しく思います。

平成三十年二月　藤原久敏

ROOT 1 千早本道

いきなりの、急坂石段

千早本道は、金剛山のメインルート。かつ、山頂への最短ルートの一つとされています。

登り口は、バス停「金剛登山口」下車してすぐ。千早城跡（千早神社）はこちらですよ、との分かりやすい看板があるので、迷うことはないでしょう。今回は、この千早城跡を通ってのルートをご紹介します。

さて、まず目に入ってくるのは、いきなりの急斜面の石段。（写真①）

これにには少し怯んでしまいそうですが、まずは最初のポイントである千早城跡目指して、頑張りましょう。千早城は、四方を急斜面に囲まれた、まさに天然の要塞でした。

楠木正成が構築し、鎌倉幕府百万（とも言われる）の大軍に耐え抜いた、難攻不落の名城として有名です（ｐ78参照）。

たしかに、この急斜面を見れば、千早城を攻略するのがいかに大変かを実感できると思います。実感したところで、何の役にも立ちませんが。

一歩目からの石段の連続は、スタート直後でまだ

写真①（千早本道の急坂石段）

温まっていない体には、大きな負担です。ですので、このルートを歩く際には、念入りな準備体操をおススメします。

途中からは石段が大きくなり、一歩一歩、足を上げるのが大変となります。山頂までまだ先は長いので、途中で景色を楽しみながら（見晴らしはあまり良くないですが）、ペース配分を考えながら、ゆっくり焦らず登りましょう。

そんな石段を十五分程度かけて登れば、お疲れ様です、千早城跡に到着します。（写真②）

石段を上がり切ったところは広場になっており、ここが四の丸跡となります。

四の丸跡からは、道なりに三の丸跡、二の丸跡、そして本丸跡とつながります。そして千早城本丸跡にある千早神社の横を通りぬけて（もちろん、お参りしても良し）、山頂に向かいます。

ちなみに千早城跡は「日本一〇〇名城」の一つで、大阪では、なんと大阪城とここのみです。なので、この千早城跡だけを見に来る人もいるわけです。

写真②（千早城跡）

もっとも、「城跡」なので、これといった見所はありませんが……。事前に、楠木正成の千早城ゲリラ戦のことを調べておけば、アレコレ想像力が試される場となることでしょう。

千早神社は、六三四メートル

ところで、千早神社の立札下には「標高六三四米」の板が。

もちろんコレ、明らかに東京スカイツリーを意識していますね。大阪の人間は、どんなところでも、やたら東京を意識するようです。

ちなみに登山口の標高が約五〇〇メートル強ですから、一〇〇メートルちょっと登ってきたわけですね。

そして千早神社をしばらく進むと、途中、人ひとり通れるかくらいの狭い道となり、しかも下り道となります。

これには（迷ったか、と）かなり不安になりますが、迷わず突き進んでください。そうすれば、大きな登山道に合流することになり、そこが、千早本道二合目となります。

ちなみに二合目にも、「標高六三四米」の板があったりして、かなりスカイツリーを意識しているようです。

千早城跡で歴史に浸ったり、千早神社を参拝したり、じっくり立札を読んだりと、のんびり進んで、ここまで三十分程度。

ちなみに、千早本道の入口はもう一つあります。それはバス停「金剛登山口」から少し引き返し、少し登ったところにある「まつまさ（p112参照）」から登り始めるルートです。

そこから歩き始めれば、二合目までは十五分程度と、千早城跡経由に比べて所要時間は約半分。

こちらはコンクリートで固められた、歩きやすい坂道から始まって、途中から木の階段となります。こちらもそこそこの急坂ではありますが、それでも、いきなり急斜面の石段と比べれば、体への負担は小さい設計となっております。

一般に千早本道と言えば、この「まつまさ」からのルートとなります。

何度も登っている人であれば、この「まつまさ」からのルートでいいのですが、初金剛山の方であれば、金剛山を堪能するべく、石段からの千早城跡コースをおススメします。

なお、「千早城跡や千早神社へ行きたいけど、急斜面の石段は嫌だ」という人は、この「まつまさ」ルートから登り始め、途中で寄り道する形で千早城跡等へ行くルートもあったりするので、ご参考まで。

ところで、二合目にはベンチがあるのですが、ここで休んでいる人はあまり見かけません。

ただ、石段から千早城跡を経由して一気にやってきた場合には、少し休んだ方がいいかもしれません。なぜならここから、千早本道の名物、丸太階段が延々と続くからです。（写真③）

延々と続く、丸太階段

千早本道はしっかり整備された一本道なので、まず迷うことはありません。

ただ、丸太階段が延々と続き、見晴らしはあまり良くないので、同じような風景が続きます。手軽に既視感を味わえるルートでもあります。なので、数回登ったくらいでは、「今はどのあたりなのか」が

写真③（丸太階段）

分からなくなるのです。

私は二十回くらい登ってようやく、その風景で、どのくらい登ったかを判別できるようになりました。歩いていれば、いつかは必ず山頂につくとは言え、やはり「今はどのあたりなのか」は知りたいものですね。

そこで助かるのか、「○○合目」の案内です。

見落としてしまうくらい小さな文字ですが、それなりにきっちりと現在地点を示してくれているので、この案内を目安に歩くと、気分的にスゴク楽だと思います。メインルートならではの、気遣いですね。

二合目から丸太階段が始まるのですが、とりあえず三合目までは切れ目なく、丸太階段が続きます。三合目からは少し平坦になって…と思わせて、すぐにまた丸太階段となり、四合目直前で少し平坦になるといった具合に、なかなか緩急つけてきます。そして四合目からは、またダラダラと丸太階段が続くことになりますが。

気を付けたいのが、この丸太階段に慣れた頃、まるで嫌がらせかの如く、たまに石段が登場することです。

丸太階段に比べ、石段は一段一段が高いので、急激に疲れます。そんなイレギュラーな設計に、ここでたまに転ぶ人もいて、過去には流血大騒ぎ（救急車出動）になったことも。

とくに下りは要注意です。

ウルトラマンとバルタン星人

そんなこんなで五合目までくれば、ここでだいたい半分となります。ちなみに、ここまでの目安時間としては、石段から登った場合は五十分程度、「まつまさ」から登った場合は三十分強くらいでしょうか。

そしてここで唐突に、道沿いにウルトラマンとバ

ルタン星人の石像に出くわします。（写真④）

なぜここにウルトラマンが？　と、小さいながらのなかなかのインパクト。

金剛山とウルトラマンとの関係は不明ですが、たまに若者が「かわいい～」などと言って写真を撮っているので、まぁ、それなりに受け入れられているようです。

写真④（ウルトラマンとバルタン星人の石像）

ここは中間地点ということもあり、簡易トイレ（工事現場や屋外イベントでよく設置されているタイプ）があるのですが……。山のトイレに快適さを求めてはいけません。

五合目を過ぎれば、ここからは後半戦です。ただ、相変わらず丸太階段が続きまして、しばらくは休憩できそうな平坦なところはほとんどなく、ここからは一定ペースで淡々と登りたいところです。

とくに六合目から七合目にかけてが、体力的にも精神的にも、一番ツライところかと思います。ただ、後半からは、五・五合目、六合目、六・五合目……と、なぜか案内が○・五刻みとなります。

これを、「こまめに案内してくれて、ありがたいなぁ」ととるか、「イチイチ細かいなぁ、かえって長く感じるじゃないか」ととるかは、人それぞれです。

すれ違い様の挨拶のタイミングが、難しい

千早本道は、金剛山のメインルートです。なので登山者数も多いのですが、そのすれ違い様、挨拶するかしないか。それは、あなた次第。でも、できれば挨拶はした方が、気持ち良いですよね。もっとも、そのタイミングや挨拶のトーンは、人それぞれ。

かなり遠いところから大きな声で「おはようございます!」と挨拶する人もいれば、すれ違い様にボソッと「……ます」と挨拶する人も。

私は挨拶のタイミングが極めて遅く(※)、たいてい向こうから挨拶してくれるのですが、実感としては八割方は挨拶してくれます。ちなみに、こちらから挨拶した場合は、(極めて遅いタイミングに戸惑いつつも)ほぼ全員が返してくれます。

※こちらから挨拶して無視されるとショックなので、かと言って挨拶しないのも悪いので、相手の出方を待ってから……という後出しジャンケン的な、セコイ方法です。

ちなみに、登山ファッションも、人それぞれ。日本アルプスに行くのか、というくらいバチッと決めている人もいれば、普段着のような、というか本当に普段着だね、とのラフな格好も人も。そして地元の常連さんが多いせいか、ラフな格好な人は、とことんラフです。

夏だと、ランニングシャツにステテコ姿がいたり、たまに上半身裸で走っている人もいたり。ちなみに虫対策の観点からは、まったくおススメできません。

鉄アレイを持ってトレーニングしながら登っている人を見たときは、なかなかの衝撃でした。

何度も登って余裕が出てくれれば、いろんな人を見ることができるので、楽しいですよ。

そして最後に、あなたはどちらを選ぶ？

さて、ルート案内に話を戻しましょう。

一番苦しい六～七合目を乗り越えれば、いよいよ八合目、山頂はもうすぐです。

そしてここで、道は左右に分かれます。

左を選ぶと、丸太階段がトコトン続くルートとなります。ここにきて、これまで以上の急こう配を五〇〇段ほど駆け上がる、まさに最後の心臓破りとなります。

ストイックな方は、ぜひこちらのルートを選んでください。山頂でのビールが、より美味しく感じられることでしょう。

右を選ぶと、やはり丸太階段がメインとなりますが、途中平坦なところがあったりして、少し楽なルートとなります。

また、基本的に見晴らしの悪い千早本道にあって、このルートからは若干眺めは良く、とくに冬の樹氷シーズンには、ここで写真を撮る人も少なくありません。

つまりは、右ルートがおススメと言うことですが。一応、左ルートが正規ルートらしく、皆さんゼイゼイ言いながら、左ルートをストイックに登っております。

もっとも、いずれのルートを選んでも、結局は、九合目で合流するのですが。

写真⑤（9合目の選択看板）

そして九合目で、また道は左右に分かれます（写真⑤）

左右のルート案内は、写真の通り、左は「楽な道」、右は「近道」。どちらを選んでも、何だかズルをした気になってしまいますのは、私だけでしょうか？

楽な道　⇓　長距離ルート
近道　⇓　急坂ルート

モノは言いよう、こう書き換えてくれれば、どちらを選んでも、頑張った感はあるのですが。

個人的には、左がおススメ（実際、こちらを選ぶ人が多い）。こちらの方が平坦で歩きやすくて景色も良く、山頂広場にも近くなっています。

千早本道・登山データ

目安タイム

・石段から千早城跡経由：90 分強
・まつまさから　　　　：70 分程度

危険度

■□□□□1（5 段階）

体力度

■■■□□3（5 段階）

交通機関アクセス

・河内長野駅（南海高野線 / 近鉄長野線）下車、「千早ロープウェイ前行き」に乗車、『金剛登山口』バス停下車すぐ
・富田林駅（近鉄長野線）下車、「千早ロープウェイ前行き」に乗車、『金剛登山口』バス停下車すぐ

駐車場

・バス停『金剛山登山口』付近に、民間駐車場が点在。
・料金は1日500円～600円。「まつまさ」前駐車場は機械清算だが、多くの駐車場は人力徴収（車を止めると、どこからともなく徴収にやってくる）もしくは無人（料金 BOX に入金）。

ROOT 2 伏見峠

始めは、爽やかハイキングコース

千早本道に次ぐ第二のメジャールート、伏見峠ルート。

登り口は、バス終着駅「千早ロープウェイ前」下車すぐ。一つ手前のバス停「金剛登山口」で降りる人も多いので、つられて降りないように注意です。ここで降りてしまうと、（バス本数は少ないので）四キロほど車道をあるくはめになってしまいます。

さて、登り口は車道沿いにあって、看板もあるのですぐに分かります。登り口は伏見林道（写真①）という林道なだけあって、道は広く、整備され、とても歩きやすくなっています。さわやかな杉林が左右に広がり、道沿いには渓流が流れ、よく目を凝らすと魚も泳いでいます。

最初は道もゆるやかで、野鳥のさえずり、渓流のせせらぎを聴きながらのんびりと。登山というより、ハイキングですね。

山登り初心者や小さな子連れなどには、最適なルートなのです。歩き始めて一〇分程で、最初の見所である「千早のトチノキ」が見えてきます。

写真①（伏見林道）

わざわざ道沿いに看板（解説文）が設置されているのですが、正直いってこのトチノキには、それほど存在感は感じません。看板がなければ、間違いなくスルーしていたことでしょう。

しかし、実は樹齢約三〇〇年、大阪府の天然記念物に指定されているシロモノらしいのです。高さ二五m、幹周四・三mと大きく、昔から登山者や山で働く人達の待ち合わせや目印にされていたそうな。千早赤阪村HPの観光案内にも掲載されております。こういった肩書やエピソードがあると、なんだか急にありがたみを感じてしまうのは私だけでしょうか。その付加価値を知ってからは、このルートを通る際には、このトチノキの存在感を感じずにはおられません。

さて、トチノキあたりからは、ところどころ坂がキツくなりますが、渓流を横目にマイペースで進みましょう。ただ、このあたりはまだ展望はなく、風景もそれほど変わらないので、ちょっと飽きてくるかもしれません。

飽きてきた頃（登り始めて二〇分過ぎくらいか）、たまに真上を見てください。運が良ければ、上空を運行するロープウェイを見ることができます。もっとも、見たところで、ロープウェイに乗っている人達がうらやましくなるだけですが（それと首が痛くなるだけ）。

そして登り始めて三〇分程度、ここでちょっとした休憩所（ベンチあり）、水場があります。この先に備えて、少し休んでおきましょう。

念仏坂ってなんだ？

さて、ここからが正念場となります。ここまでのハイキングモードから一転、目に見えて、傾斜がキツくなるのです。

かなり意識をして足を前に出して、体重をしっかり乗せて、グイッと進まないと、進めません。景色を楽しむ余裕はないはず（もっとも、ここは大した景色ではありません）。

どれくらい急かと言うと、気を抜いてボーッと突っ立っていると、後方に転げ落ちてしまうのでは、というくらい、急な坂となっています。（写真②）残念ながら、写真では伝わりにくいのですが。

ほとんどの人は、ゼエゼエ言いながら、休み休み登ることになります。

写真②（念仏坂）

ただ、急な部分はそれほど長くはなく、一気に駆け上がれば五分程度で登れるかもしれませんが、調子に乗って駆け上がろうとして、死にそうになっている人（たいてい若者）を、たまに見かけます。かなりカッコ悪いので、そこは気を使って、見て見ぬふりをしてあげていますが。

逆に言うと、この急坂を黙々と、淡々と登っている人がいれば、その人は、かなりの常連だと言うことです。

ちなみに、ここの急坂を、念仏坂と言います。昔の人は、あまりの急坂に、念仏を唱えながら登ったとか、登らなかったとか。

ここはコンクリート舗装されており、カワイイ水玉模様が目を引きます。それゆえ、このルートを歩いた人には、「水玉模様＝急坂」と刷り込まれてしまうとか、しまわないとか。

そして、この急坂が本当に怖いのは、登る時よりも下るとき。

下りこそ、しっかり一歩一歩、足を踏みしめながら行かないと、大げさではなく、本当に転げ落ちてしまうくらい急なのです。少しでも気を抜くと、膝がガクッガクッと、止まらなくなってしまいます。コンクリート舗装なので、膝への衝撃が半端ではありません。膝に爆弾を抱えている人には、ここの下りはおススメできません。

たまに、石などを転がして遊んでいる子どもを見かけますが（本当によく転がるので楽しいんでしょうね）、危ないのでやめましょう。あと、坂の終点には、「ソリで滑らないように」、との看板がありますが、そんな自殺行為をする人はいないかと思っています。

急坂部分が終わって地道になれば、そこからはゆるやかなので、一安心。

そしてほどなくして伏見峠に到着、ここで紀見峠駅からの【ダイヤモンドトレイルルート】（p52参照）に合流します。

ブナ林で、森林浴

ここからは、様々な施設を横目に見ながら歩くことになります。

キャンプ場にピクニック広場、その少し奥には、星と自然のミュージアムや香楠荘がありま す。そうです。ここら一帯は、ちはや園地（p87参照）なのです。

ちはや園地へはロープウェイ駅からすぐですが、この伏見峠ルートをゆっくり歩いて一時間弱のところにあります。ちはや園地目的の子連れファミリーでも、気候が良ければ登山口から歩きたいところですね、ロープウェイ代も浮きますし。

途中の急坂（念仏坂）もアトラクションと思えば、子どもたちも喜ぶでしょう。

広場から少し進めば展望デッキもあり、ここは360度のパノラマビュー。（写真③）世界遺産の高野山、近畿最高峰の八経ヶ岳、関西のマッターホルンで有名な高見山……など、名立たる山々を一望できます。時間に余裕があれば、ぜひ登ってみたいところです。

ちはや園地から山頂まで、あと三〇分程度です。このあたりまでくれば、標高もかなり高くなっているので、雰囲気が変わってきたことに気付くでしょう。

写真③（展望デッキ）

そうです、山頂付近一帯はブナ林となり、登り始めの杉林とは、また雰囲気が違うのです。（写真④）このあたりは道も広くて歩きやすく、さしたる急坂もありません。のんびりと森林浴を楽しみながら、一歩一歩、山頂へのカウントダウンを楽しみましょう。

そして、「神域の霊気に浸りましょう」との立札が見えれば、もうすぐ、大きな鳥居（一の鳥居）

写真④（ブナ林で森林浴）

が、目の前に現れます。（写真⑤）
ちなみに、ダイヤモンドトレイルは、一の鳥居の横にある細い道に入って水越峠へと下っていきます。そこから葛城山、二上山へと続きます。
一方、金剛山頂へは、この鳥居をくぐり、いよいよ最後の急坂となります。
ただ、ここの急坂は一〇〇メートルそこそこと短いので、一気に駆け上がっても酸欠にはならないでしょう。だからと言って、別に駆け上がる必要はありませんが。

写真⑤（一の鳥居）

そして、この急坂を上がってしばらく行けば、右手に葛城山が見渡せます。五月中旬あたりには、葛城山頂の一部分が真っ赤に見えるので（葛城山名物の山ツツジ）、その景色は必見です。
念仏坂と同じで、この急坂も下りに注意です。しかも、ここはもう山頂付近ですから、冬場は雪が積もっている（残っている）ことが多く、相当気を付けなければ転んでしまいます。登り始めたところには雪はなくても、要注意ですね。うっかりアイゼンを忘れ、往生している人は、たいていこの場所だったりします。

杉並木の、名物杉

さて、鳥居をくぐって急坂を登ると、そこからは葛木神社の領域となります。

写真⑥（仁王杉）

そして気のせいか、一気に神々しい雰囲気となります。いや、気のせいではなく、おそらく、このあたりの巨大な杉並木のせいでしょう。とくに霧が立ち込めている日などは、神々しさ五割増しです。

なかでも、ひときわ巨大な杉が「仁王杉」。樹齢推定五〇〇年はさすがの大迫力、わざわざ名前を付けるだけのことはあります。（写真⑥）

そしてすぐ、葛木神社が見えてきます。ここの本殿は、関西では珍しい大社作りだそうです。登山道沿いにあるので（少しだけ階段を登る）、せっかくなので立ち寄って参拝されてはいかがでしょう。

葛木神社を少し行けば、「夫婦杉」なるものがあります。（写真⑦）

見た目のとおり、つがいになっている感じで、夫婦っぽい杉です。ただ、その根元にある石に刻まれている「夫婦」の詩（※）は、有名な詩なのでしょうか、どこかで見たことあるような。

《※二十代は愛で、三十代は努力で、四十代は我慢で、五十代は諦めで、六十代は信頼で、七十代は感謝で、八十代は一心同体》で、そんな杉林を抜ければ、いよいよ山頂、転法輪寺前に到着します。

伏見林道から念仏坂、ダイヤモンドトレイルに合流して一の鳥居をくぐり、葛木神社横を通っての、約一時間三〇分程の道のりとなります。

実は、金剛山は、山頂まで車で行けます（一般車両は不可、通行許可を得た一部車輌のみ）。その際、唯一の車道が、この伏見峠ルートなのです。それくらい、全体的にコンクリート舗装が多く、（一部急坂があるとはいえ）歩きやすい広い道なのです。

また、このルートであれば、車イスで山頂までも不可能ではないとのこと、とか。

横道それて、アレコレ試せる

実は、伏見林道から登り始めるこのルートには、いくつか「横道」があります。

登り始めてから最初の休憩所・水場までの間、注意深く左手を見ていると、分かりやすい登り口が三つもあるのです（細かいものも入れれば、もっとあるかも）。

いずれも山頂付近で、ロープウェイ駅からの山頂ルート（金剛山遊歩道）に合流します。

せっかくなので、各ルートをザックリご紹介しておきましょう。

一つ目のルート登り口は、千早トチノキの少し手前、なので、登り始めて一〇分足らずですね。このルートは尾根道で、うっそうとした道ですが、危険個所はなく、わりと歩きやすくなっています。私の知る限り、このルートが金剛山頂への最短ルートと思っています。ゆっくり歩いても一時間かからないくらいなので、サクッと登りたいときや、体調が悪

写真⑦（夫婦杉）

いときは、私はいつもこのルートです。二つ目のルート登り口は、千早トチノキを少し過ぎたあたり。こちらは全体的に、かなり荒っぽい木の根道で、しかも最初はけっこうな急傾斜。うっかり滑落、大ケガもあり得えます。こちらも尾根道ですが、体力と慎重さを要するルートとなっています。

三つ目のルート登り口は、千早トチノキから一〇分くらい行ったところ。登り口っぽいところには、岩に赤い印がつけられているので、分かりやすいです。このルートは、一般に「シルバーコース」と呼ばれています。なので、私は最初、「高齢者向けのゆるいコースかな」と思っていたのですが、とくにそういうわけではありません。むしろ、非常に歩きにくい岩場を乗り越えていく、いかついコースです。出だしから、いきなり滝を横目に、大きな岩をロープを持って登っていきます。少なくとも、高齢者向けではないです。

こちらは尾根道ではなく、谷道となっており、水で濡れている岩場では滑りやすく、要注意なのです。油断すると足をくじく可能性大なので、底の分厚いトレッキングシューズがおススメです。

いずれのルートも、伏見峠ルートに比べると、木の根っ子道やゴツゴツ石道など、自然を色濃く残すルートとなっており、人ひとりギリギリ通れるかくらいの、かなり狭いところもあります。というか、この伏見峠ルートが、舗装・整備されすぎと言う話ですが。

伏見峠が「自然を見る」のに対し、これらの横道は「自然の中に入る」とのイメージでしょうか。ただ、展望はほとんどなく、全体的にうっそうとしております。

初心者やファミリー層は、まずは伏見峠ルートを何度か行って慣れてから、ぜひチャレンジしてみてください。

伏見峠・登山データ

目安タイム

・最初の休憩所・水場まで：30 分弱
・伏見峠（ダイヤモンドトレイルとの合流）：45 分
・山頂：80 分程度

危険度

■◧□□□ 1.5（5 段階）

体力度

■■■□□ 3（5 段階）

交通機関アクセス

・河内長野駅（南海高野線 / 近鉄長野線）下車、「千早ロープウェイ前行き」に乗車、『千早ロープウェイ前』バス停下車すぐ
・富田林駅（近鉄長野線）下車、「千早ロープウェイ前行き」に乗車、『千早ロープウェイ前』バス停下車すぐ

駐車場

・バス停『千早ロープウェイ前』付近、道沿いに民間駐車場（1 日 500 円（土日祝は 600 円）●管理人常駐（人による清算）●雨の日や、子連れだったりすると、100 円ほどサービスしてくれることも（人情味溢れる？）
●場所によっては狭く、止めにくい場所もあり
・バス道の終点（行き止まり）に府営駐車場（1 日 600 円）
●機械式⇒基本、サービスはなし
●駐車所は広く、アスファルト舗装で区分けでハッキリと、止めやすい

ROOT 3 ツツジオ谷

自然に浸りたい場合はこのルート！

滝あり、ロープ場あり、沢登りありと、しっかり整備された千早本道や伏見峠ルートと比べ、山道の魅力をたっぷり味わえるルートです。

人気ルートながら、登山者はそれほど多くなく、自然にたっぷり浸りたいときにはおススメ。

ただ、足場不安定なところが多く、迷いやすい場所があったりと、それなりに注意は必要なので、気をつけましょう（そんなポイントも、しっかり紹介していきます）。

このツツジオ谷ルートへは、千早本道（千早城跡への石段ではない一般ルート）と同じく、「まつまさ」からのスタートとなります。

ただし、千早本道の入口とは、逆方向に歩き出します。

多くの人が千早本道に向かう中、その逆方向に歩き出すことは、ちょっとした優越感（「君達の知らないルートがあるんだよ」、と）を感じるのは私だけでしょうか？

まずはしばらく、アスファルト舗装された、緩やかな坂道を歩きます（ここは車も通るので注意）。

写真①（一見、通行止めの橋）

これは足慣らしにいい感じで、途中、「生活科学研究所」という動物実験実施施設（犬の鳴き声がとても気になる）、「私設登山道案内所」なる手作り感満載の建物など、なかなか気になる建物を横目に見ながら歩くこと一〇分弱、目の前に橋が見えてきます。

ただ、ツツジオ谷ルートへは、この橋は渡らず、右折します。

写真②（通行止めの橋、横からの抜け道）

ちなみにこの橋、一見、思いっきり封鎖されているようですが、（写真①）実は、横からスルッと通り抜けることができるのです。（写真②）

最初、それを知らなかった私は、「この橋は通行止め」と思い込んでおりました。

しかし、たまたま、横からスルッと通り抜けていく人を見て、「そうなのか！」と、まるでＲＰＧの隠しルートを発見した気分となりました。どうやらこれは車の通行止めであって、登山者はＯＫなのです。

実はちょっと前までは、ここを通り抜けて、カトラ谷ルートという、金剛山屈指のスリリングな人気コースがあったのです。

台風二一号の爪痕

あったのです…というのは、現在、このカトラ谷ルートは、通行が難しくなってしまっているからです。

理由は、台風による土砂崩れ。

二〇一七年十月、各地に大きな被害をもたらした台風二一号は、この金剛山にも大きな爪痕を残しました。

ここで少し、（ツツジオ谷ルート紹介はいったん、置いておいて）この台風の被害状況について書かせていただきます。

金剛山登山ルートのうち、千早本道や伏見峠ルートなどは、それほど大きな被害はありませんでした。さすがはメジャールート、道そのものがしっかりしております。ちなみに、本書で紹介しているツツジオ谷ルート、郵便道、ダイヤモンドトレイル、いずれも、所々、崩落個所等はあるようですが、ルートそのものは大丈夫との情報を得ております。

しかし、スリリングなカトラ谷ルートは、もともと細い道が多く、地盤も脆弱なので、かなりの箇所で大きな土砂崩れがありました。場所によっては、ハシゴなど完全に流され、ルートそのものが消滅したところもあるようです。今回、一番被害が大きかったルートで、現在、上級者でない限り、通行は難しい状態なのです（果敢に挑戦しても良いのですが、あまりオススメはしません）。

実は、もともと、本書にてカトラ谷ルート紹介を掲載するつもりでして、このカトラ谷ルートの原稿は、（台風前に何度もリサーチして）しっかり書き上げておりました。しかし、この台風で壊滅的な打撃を受けルートの多くが消滅してしまった今、その原稿は完全ボツに。今回の台風は、私の執筆スケジュールにも、大きな被害を与えたのでした。

ちなみに、カトラ谷ルートへ行くには、（一見、封鎖されているが、横からスルッと通れる）橋を渡り、そのまま道なりに、黒栂谷・砂防ダムを横目に見つつ、ほぼ平坦な林道を歩きます。金剛山の登山ルートには珍しく、このあたりは視界が大いに開け、日当たり抜群です。

そしてほどなくして、その平坦な林道は、アスファスト舗装の道となるですが…なんと、今回の台風で、このアスファルト舗装の道が完全に崩壊し、エライことになっていたのです。

写真③は台風直後のものですが、元の道は完全に濁流に飲み込まれ、目を疑うような光景が広がっておりました。元の道は、アスファルト舗装にもかかわらず、見事なまでに砕け散っており、自然の猛威を感じずにはおられませんでした。

カトラ谷ルートへ行くにはこの道を通るので、そもそも、カトラ谷ルート自体に行くことが難しい状態なのです。カトラ谷ルート以外にも、わさび谷ルートや黒栂谷ルートなど、この道を通っていくルートは多いのですが、ここで引き返すのが賢明でしょう。（中には、果敢に進んでいく人もいるようですが、当面はおススメできません）。

写真③

残念ながら、カトラ谷ルートだけでなく、他の多くのルートも通行が難しい状況なのです。何年か後には、果敢に挑戦する上級者たちによって、荒れた道が踏み固められ、新たなルートとして復活することを期待してやみません。

そんなことから、その橋を渡らずに、右に折れてすぐのツツジオ谷ルートが今、人気となっているのです。というか、もともと常連さんの間では、非常に定評のあるコースなのですが。

私も、ツツジオ谷ルートへは、これまで以上によく行くようになりました。正直言って、千早本道や伏見峠ルートといったメジャールートは、何日も連続で登ることになると、少し飽きます。たまに金剛山に登る人には問題ないのですが、ヘビーユーザーにとっては、刺激が少ないのです。

しかし、冒頭でも書いたように、滝あり、ロープ場あり、沢登りありと、バラエティに富んだルートであるツツジオ谷ルートは、連日で登っても、まったく飽きないのです。

そんなわけで、最近では、私の一番のヘビーローテーションルートとなっております。

今回の台風で、唯一の収穫があるとすれば、そんなツツジオ谷ルートの魅力を再発見できたことでしょうか。

といった経緯から、今回、ボツとなったカトラ谷ルートに変わり、急遽、人気急上昇中のツツジオ谷ルートを差し入れることになりました。

それでは、ツツジオ谷ルート紹介に戻りたいと思います。

滝を横目に、プチ・クライミング?

さて、その（一見、封鎖されているが、横からスルッと通れる）橋を右に折れ、少し歩くと、ツツジオ谷ルートの入口があります。

山道ではありますが、道筋はしっかりあるので、最初から迷うことはないでしょう。

多少、木の根・ゴツゴツ石があるので足元には気をつける必要はありますが、平坦もしくは緩やかな登りなので、快適です。自然をゆっくり堪能する余裕はあるはずです。

沢のせせらぎを聞きながら、ほどよく苔むした、雰囲気のある道を一〇分も歩けば、名物、「腰折れ滝」が見えてきます。（写真④）腰折れという名の通り、上下二段に分かれている滝です。

だから何だ、と言われてしまえばそれまでですが、そんな細かいところにも興味を持って、「へぇ～、二段に分かれているんだ」と珍しがれれば、世の中、なんでも楽しめそうですね。

登り始めてまだ二〇～三〇分程度、まだ、それくらいの余裕はあるはずです。

この滝を右手に見ながら、ここでほんの少しですが、クライミングの真似事ができます。

写真④（腰折れ滝）

ここは少しだけ岩場になっていて、ロープがくくられており、そのロープを持って、グイッと上がっていくのです。落ちても死ぬことはないでしょうが、それなりのケガは避けられないので、気をつけましょう。

ちなみに、この滝を右手に見ながら…と書きましたが、実際には、本当に見ながらだと危ないので、手元足元に集中です。基本は三点確保で、ロープはあくまでも補助、ロープに全体重を預けるのは危険なので、絶対にやめましょう（ロープの品質保証は、誰もしておりません）。

タカハタ谷ルートとの分岐

さて、腰折れ滝沿いのプチ・クライミング（?）が終わり、登り切ったところで、分岐点となります。分岐点の目印は、渡し木。（写真⑥）

写真⑤（ロープ場）

ツツジオ谷ルートは、この渡し木を渡ります。写真⑥のように、細い木が束になっているのですが、体重をかけると、かなりたわむので怖いです。できるだけ軽やかに、サクッと渡りましょう。

ちなみに、橋を渡らずにそのまま道なりに進めば、タカハタ谷ルートとなります。このタカハタ谷ルートとツツジオ谷ルートは途中（腰折れ滝頂上）まで同じで、最後にまた合流することになるのです。

いずれも人気のルートですが、ここは「歩きやすさ」を重視して、本書ではツツジオ谷ルートを紹介することにしました。

さて、渡し木を渡ってからは、そのまま、いい感じに苔むした雰囲気の中、倒木に若干道をふさがれつつも（台風の影響）、緩やかな道をグイグイ進みます。

ツツジオ谷ルートは、基本、沢沿いの道。ほど良いせせらぎを横目に、のんびりと歩くことができますが、途中何度も、沢を横切ることになります。水が流れるところを、不安定な石を踏み台にして、渡っていく感じです。ただ、その際には、細心の注意が必要です。うっかり、ジャポンと水に浸かってしまい、靴の中に水が染み込むと、その後ずっと、不快極まりません。

しかし、それ以上に注意すべきは、転倒です。水に濡れた石は、ツルツルとよく滑ります。ツルッと滑って転倒でもすると、下はゴツゴツの石場ですから、打ちどころによっては大ケガも。転倒しなくても、足首ねんざの可能性大。

とくに、苔には要注意。このあたりは、苔が多く、それは幻想的ですごくいいのですが（薄曇りの日など、「もののけ姫」的な世界が広がります）、うっかり苔の上に足を運ぶと、かなりの確率で滑ってしまいます。

写真⑥（不安定な、渡し木）

金剛山と言えば、難攻不落の千早城にちなんだ「落ちない」お守りが、今、ひそかに受験生におススメなのです（80ページ参照）。

その一方で、このツツジオ谷ルートはよく「滑る」という、相反する顔を持っていることにも、一応、触れておきます。なので、家族に受験生がいる方は、減を担ぐのあれば、このルートは、あまりおススメはしません。

道迷いに注意

さて、そんな沢沿い道は、しばらく続きます。

進むほどに、だんだんと勾配はキツくなり、道もワイルドになってきます。場所によっては、エイやと、腰くらいまで足をあげるところもあって、なかなかキツくなってくるのです。最初はゆるやかな道だっただけに、後半、一気にその「ツケ」が回ってくる感じなのです。

そして、再び、ロープ場も出てきます。途中、ロープを持っての崖沿いの道もあって、実は、なかなかスリリングなルートでもあるのです。ですので、小学生以下の子ども連れは、おススメできません。

でも、見どころはたっぷりで、最初に出てきた「腰折滝」以外にも、なかなか見応えのある滝を、いくつか横目に見ることができます。真冬には、流れる滝が凍ってできる氷瀑が人気で、これを見るため、このルートを選ぶ人も少なくありません。樹氷で有名な金剛山ですが（92ページ参照）、実は、手軽に氷瀑が見られるスポットとしても人気なのです。ただ氷瀑に気を取られ、滑落も多いので、足下のは気をつけましょう（アイゼン必須）

ちなみに、諸々の条件が揃わないと氷瀑は完成しないので、なかなか見ることができません。でもそれがまた、レア感を醸し出して、良いのです。

そして、登り始めて一時間弱ほど、わりと広い場所に出ます。

これまでと違って、ハッキリとした道がなくなり、一瞬、方向感覚を失ってしまうので注意です。とりあえず、右方向が開けているのでついつい、右方向へ歩を進めてしまうかもしれません。（写真⑦）

それでも間違いではないのですが、ただ、それはかなりの上級者向けルート。

そのルートは、これまでの「沢沿い」ではなく、ガッツリと「沢登り」となり、水場のゴツゴツ石をグイグイ進むことになります。しかも、源流を詰めるルートとなり、かなり急勾配の道なき道となります。よほどの覚悟がない限り、あまりおススメはいたしません。

かと言って、なんとなく、まっすぐ進んでしまうと、そこに道はないので、途方に暮れてしまいます。

正解は、左手の階段です（正確には、木の根が階段状になっている狭い道)。非常に分かりにくいのですが、いったん立ち止まって、よ～く見ると、見つけることができます。

そうです、もともとこの道を知らない限り、ここで立ち止まらずに進むと、かなりの確率で、見落としてしまうのです。

そして、ずっと続いた沢沿い道も、ようやくここで終わりです。

写真⑦（道迷いポイント）

ここまでくれば、水場で足を滑らすことも、苔で滑ることもありません。また、ロープ場といった危険個所ももうないので、気持ち的にはかなり楽になります。

ただ、この（木の根道）階段はかなりの急勾配、なかなかしんどいところ。グッと駆け上がれば、この階段は一〇分足らずなのですが、ここはゆっくりと無理せず、上がりましょう。

登りきると、視界は開け、きっちりと踏み固められた、歩きやすい道（多くのルートとの共通道）と合流します。

あとは道なりに歩いていくだけですが、またすぐに階段となります。でも、これが最後です。基本、整備された丸太階段をグイグイ一〇分ほど歩けば、六つの地蔵さんがお出迎え。

ここまでくれば、山頂はすぐそこ。

最後に分岐がありますが、そこで右に折れて、山頂下の広場に到着します。

写真⑧（六地蔵）

ツツジオ谷・登山データ

目安タイム

・90 分程度
（但し、慣れていない段階では 120 分程度を見込みたい）

危険度

■■■■□ 4（5 段階）

体力度

■■■◧□ 3.5（5 段階）

交通機関アクセス

・河内長野駅（南海高野線 / 近鉄長野線）下車、「千早ロープウェイ前行き」に乗車、『金剛登山口』バス亭下車すぐ
・富田林駅（近鉄長野線）下車、「千早ロープウェイ前行き」に乗車、『金剛登山口』バス停下車すぐ

駐車場

・バス亭『金剛登山口』付近に、民間駐車場が点在。
料金は 1 日 500 円〜 600 円。「まつまさ」前駐車場は機械清算だが、多くの駐車場は人力徴収（車を止めると、どこからともなく徴収にやってくる）もしくは無人（料金 BOX に入金）。

ROOT 4

郵便道（高天道）

神々が住む天上界、高天原

高天原（たかまがはら）とは、神々が生まれ、住む天上界とされています（古事記より）。この高天原とは、日本の一体どこのことを指しているのだろうか…とは、古代神話の永遠のロマンとされています。

実は、その有力な候補地の一つが、金剛山中腹の台地、奈良県御所市の高天とも言われているのです。ちなみに金剛山はかつて、高天山とも呼ばれていました。

さて、今回紹介する郵便道（高天道）のスタート地点は、この高天です。ここら一帯は日本発祥の地としても有名で、数々の遺跡や神社が点在しており、古代神話ロマンが好きな方には垂涎の地でもあるのです。

高天彦神社から、スタート

金剛山の登山道は、アクセスの良い大阪側からのルートが多く、どうしても奈良側からのルートは限られまして、今回の郵便道（高天道）は、そんな貴重な奈良側ルートの一つです。

奈良側ルートと言うことで、公共の交通機関でのアクセスは少々不便です。

スタート地点の高天までは、近鉄御所駅から奈良交通バスで約一〇～一五分、国道二四号線沿いのバス停「鳥井戸」より徒歩五〇分程度かかります。

なので、できることなら、車で行きたいところ。

私もいつも、車で行っております。車で行ったときに有難いのが、駐車場が無料であること。一〇台程度停められるので、平日であれば、まず問題ないでしょう。

　車を降りると、「ここが高天原、神々が生まれ住むところか…さすが神々しさが違うなぁ」と、もはや、私の中では、かの神話の舞台にしか映りません。あくまでも高天原の「候補地の一つ」に過ぎないのですが、この地こそが神話の舞台と思い込んでいた方が楽しいですし、有難いですからね。もちろん、地元では「神話の里」として猛烈にアピールしております。

写真①（高天彦神社の参道）

　実際、駐車場すぐの高天彦神社の参道（写真①樹齢数百年クラスの大きな老杉が立ち並ぶ）、そして、その奥にひっそり佇む高天彦神社の様は、そんな神々しくも荘厳な雰囲気たっぷりなのです。
　さて、郵便道（高天道）のスタートは、この高天彦神社です。
　ちなみに高天彦神社には本殿はなく、そのご神体は、神社背後の白雲峰とされています。日本最古の神社、大神神社と同じですね（ご神体は三輪山）。まさに自然崇拝の極みで、自ずと自然に感謝せずにはおられません。ちなみに前述の無料駐車場は、この高天彦神社の駐車場でして、こちらも無料に感謝せずにはおられません。
　なお、高天原含むここら一帯は「葛城古道」なる遊歩道となっており、足を伸ばせば、京都の賀茂神社など、全国の鴨（加茂・賀茂）社の総本社である高鴨神社や、全国の一言主神社の総本社である葛城一言主神社（84ページ参照）など、有名な神社が数多くあります。

日本神話のふるさととして、全国から多くの人が訪れる場所でもあるのです。彼らにもぜひ、金剛山に登ってほしいものです。

三つの「行き止まり」をクリアして

さて、そんな古代神話ロマンの雰囲気に浸るのもいいですが、今回の目的は金剛山。

郵便道（高天道）のスタートは、この高天彦神社前からなのですが…なんと、いきなりの「通行止」看板。（写真②）しかも、必要以上のデカさに、「絶対に通るな」との強い意思を感じずにはおられません。この大きな「通行止」看板には焦りますが、よくよく見てみると、「迂回路をご利用願います」との文言があります。

写真②（通行止の看板）

そうです、迂回路があるのでご安心を。参道を引き返して、駐車場前から迂回路を行くことになります。

本来ルートであれば、登り始めてすぐに高天滝という滝が見所なのですが、残念ながら、迂回路では見られず。さすがに、「通行止」看板を無視して、突き進む勇気はありません。というか、勇気があっても、突き進んではいけません（神聖な神社前でもありますし）。そもそも、この本来のルートは激しい崖崩れのため、もう何年も前からずっと「通行止」らしいのです。そして今や、この迂回路が正規ルートとなった感があるとか。

さて、迂回路を看板の指示通りに、少しうっそうとした道を通り抜けると、柵があって、行き止まりとなっています。

おいおい、また通行止かよ…と思うも、これは勝手に開けて（簡単に開けられます）、自由に通ってよいのです。このシステムを知らないと、勝手に行ってよいものかと躊躇しますよね。はい、ここは勝手に通ってかまいません。でも、閉め忘れに注意です。

写真③（通行止めの柵）

写真④（イノシシ止めの柵）

柵を通ると、民家の前を通り抜け、畑のあぜ道となります。そしてほどなくして、またまた通行止に出くわすのです。

これは、イノシシ止めの柵で、そこそこ頑丈そうな作りです。そう、金剛山には熊はおりませんが、イノシシはおります（私はまだ出会ったことありませんが）。そしてこの柵も、勝手に開けて、入ってかまいません。もちろん、閉め忘れに注意ですが。

ということで、三つの「行き止まり」を見事クリアして（というほどのことではありませんが）、いよいよ、登山が始まるのです。

三拍子揃った、悪路

基本的には、この郵便道（高天道）は悪路です。木の根、ゴツゴツ石、狭い、と三拍子揃っております。（写真⑤）

写真⑤（木の根・ゴツゴツ石・狭い、の悪路）

そんな悪路を行くこと五分程度、大きな丸太を真ん中にして、道が左右に分かれます。（写真⑥）

ここまでキレイに分かれていると、かなり悩みますよね。なんだか人生の分かれ道を、具現化したみたいです。どちらを選んでも一〇分程度で合流するのですが、比較的なだらかな階段道となっている右側がおススメです。

写真⑥（左右に分かれる道）

左側は相変わらず、木の根とゴツゴツ石の狭小道です。これからはそんな悪路をいやほど歩くので、せめてここだけでも、テイストの異なる道を歩きたいものです。

そして合流地点、ここには大きな案内板があって、「この地点は（い—二）です」との現在地の表示があります。ちなみに、節目となる一の鳥居（伏見峠ルートとの合流地点）にある案内板は（い—八）ですから、この案内は大きな目安となりそうですね。

ただ、この現在地表示をあまり信頼し過ぎると…これは後で触れましょう。

ここも分岐地点ではありますが、案内板には「郵便道コース⇒」とあるので、これは素直にその指示に従い、右に進みます。

写真⑦（拍車のかかった悪路）

そして、悪路は続きます。しかも、その悪路っぷりに、拍車がかかってきます。（写真⑦⑧）

木の根は広がり、ゴツゴツ石は大きくなり、ますます歩きにくくなります。しかも、なかなかの坂道なので、ここが、最初の踏ん張りどころ。

ここを頑張って一〇分くらい行けば、比較的平坦な道となり、少しホッとします。

写真⑧（拍車のかかった悪路）

そうです、この郵便道（高天道）は千早本道（8ページ参照）と同じく、基本的に坂道が続き、たまに平坦なところがあるかな、とのルートです。違うのは、千早本道は大半が丸太階段であるのに対し、郵便道（高天道）は大半が木の根・ゴツゴツ石の悪路だと言うこと。

どちらもどちらですが、個人的には、悪路の方がオフロードチックで楽しいかな、と思っています。

写真⑨（看板「い－３」）

大切だけど、あまり当てにできない案内板

さて、平坦な道を少し行けば、また案内板があります。(写真⑨) 前は (い―二) で今回は (い―三)、この「進んでいる感」は、いいですね。

ただ、二つある標高表示 (六九四mと七二五m) が「どっちやねん」と気になるところですが、どちらも手書きなだけに、どうも信用なりません。ちなみに、私の腕時計 (高度計付き) では七一〇mと、もはや、何を信用して良いのか分かりません。もっとも、ここは標高を気にするような高さではないので、まったく問題はないのですが。

そして少し歩けば、早くも次の案内板 (い―四) があって、そこからすぐにまた、その次の案内板 (い―五) が見えてきます。約五分毎に案内板が見えるので、サクサク進んでいるようで、気分が乗ってきます。このあたりは相変わらず悪路が続き、うっそうとして見晴らしも良くないので、ひたすら「進んでいる感」で気を紛らわせるのが良いでしょう。

ただ、(い―一) から (い―三) まではけっこう時間がかかっただけに、(い―四) (い―五) はかなり早かったなと気付くはず。そうです、この案内板は決して等間隔ではなく、距離を測るには当てにならないので、気を付けましょう。これは、「通報時に最寄の案内板の番号を伝えてください」との表示があるように、何かあったとき、現在地を伝える大切な表示なのです。

ちなみに、(い―五) の案内板まで約四〇分程度と、ここで全体のおおよそ半分弱といったところでしょうか。ここにはイスもあって、休憩も取れます。

そしてここからは、木の根が少なくなり、ゴツゴツ石も心なしか小さく感じます。こう配も少し緩やかになり、若干楽になってきます。まぁ、この悪路に慣れてきたこともあるのでしょうが。

ただ、何事も慣れてきたときが要注意で、ここで出くわすのが、このルート唯一の「危険個所」なのです。（写真⑩）

ほどなくしてパッと視界が開け、景色が良くなったと思ったら、崩落個所があるのです。

左側は絶壁、右側は崖、それをロープ伝いにと書くと、すごく危険なように思えますが、写真で分かるように、落ちても死ぬことはありません。でも、落ちるのは嫌なので（ケガはするでしょう）、細心の注意で通り抜けたいところです。

写真⑩（唯一の危険個所）

最後の踏ん張りどころ、丸太階段五〇〇段

そんな危険個所などを含め、そこそこ歩いて、ようやく（い―六）の案内板に。

案内板（い―四）（い―五）の出現ペースが早かっただけに、次はえらく時間かかったな…と感じるも、前述のとおり、この案内板は決してペースメーカーではございません。ついついペースの目安にしてしまいますが、あまり意識すると、その神出鬼没な出現ペースに、「まだかな？」「早っ⁉」など、ムダに気を揉んでしまいます。あまり気にしないでおきましょう。

ちなみに、手書きで「標高九〇〇m」とありますが、この標高表示もあまり気にしない方がよいで

写真⑪(最後の丸太階段)

しょう。

そしてほどなくして、このルートのクライマックス、丸太階段のお出ましです。(写真⑪)

急傾斜が延々と約五〇〇段、時間にして二〇分くらいでしょうか。丸太階段ルートの千早本道でも、これほど急な階段が途切れなく続くところは、そうはございません。写真は千早本道そっくりですが、よく見ると、微妙にゴツゴツ石が散らばっています。

このあたりが郵便道(高天道)らしく、これに気付いた人は、かなりの金剛山ツウということです ね。そして、このゴツゴツ石のおかげで、普通の丸太階段より、微妙に登り難かったりするのです。

そんな最後の難関を登りきると(い―七)の案内板がありますが、ここまでくれば、もはや案内板は不要。なぜならここで、大通りであるダイヤモンドトレイル(52ページ参照)と合流するからです。そして少し歩けば一の鳥居(すぐに(い―八)の案内板)で合流し、山頂まで一〇分程度。ここからは伏見峠ルート(18ページ参照)を確認くださいませ。

郵便道の由来

さて、最後に、「郵便道」の由来ですが…これは、その名のとおりです。

昭和のはじめから戦後まで、奈良県御所側の郵便局員がこの道を歩いて、というか登って、郵便物を配達していたからです。人件費がすごく嵩みそうですが、そこはさすが郵便局。民営化された今も、このユニバーサルサービス（※社会全体で均一に維持され、誰もが等しく受益できる公共的なサービス〈出典：ウィキペディア〉）の精神を受け継いでもらいたいものです、と、無責任にも思ってしまいます。

郵便道（高天原）・登山データ

目安タイム

・100 分程度

危険度

■■◧□□ 2.5（5 段階）

体力度

■■■◧□ 3.5（5 段階）

交通機関アクセス

・御所駅（近鉄南大阪線）下車、奈良交通バス「五条バスセンター行き」もしく「特急・新宮行き」に乗車、『鳥井戸』バス停下車 50 分程度

駐車場

・高天彦神社前に無料駐車場（10 台程度）

ROOT 5 ダイヤモンドトレイル

ダイヤモンドトレイルとは

ダイヤモンドトレイル、略してダイトレ。金剛葛城山系の稜線を縦走する、全長約四五kmにも及ぶ自然歩道です。奈良県の鈍鶴峯から二上山（万葉集ゆかりの山）、岩橋山、葛城山（こちらも金剛山と同じく修験道ゆかりの山）、そして我らが金剛山、そして岩湧山（新日本百名山の一つ）、槇尾山とつながります。関西では、六甲山縦走と並んで有名な縦走路と言われています。

ちなみに、ダイヤモンドは金剛石とも言いますね。そう、この金剛葛城山系の主峰金剛山にちなんで、ダイヤモンドトレイルと名づけられました。この語源、意外と知られておりませんが。

超健脚であれば、早朝から日没までの一日で駆け抜けることも不可能ではないですが、普通に考えて、ちょっと厳しいです。

一般には、途中の香楠荘や紀伊見荘で宿泊して、一泊二日ないし二泊三日で踏破します。

いずれにせよ、全コースを一気に歩くのは難しいので、ほとんどの場合、その一部コースを切り取って歩くことになります。

今回紹介するルートも、このダイヤモンドトレイルのうち、紀見峠から金剛山へと続く一部分です。一部コースとはいえ、全長約一四km、高低差八〇〇m以上、ゆうに五～六時間は要します。

本書で紹介するルートの中では、群を抜いて長丁場、十分に準備して挑みたいルートなのです。

南海電鉄、紀見峠駅からのスタート

このルートのスタートは、南海電鉄高野線の紀見峠駅。車を持っていないし、バスも苦手という人には、電車でアクセスできるのは嬉しいところですね。大阪の都心、難波駅から乗換なしで四〇分程度と、意外と近いのも嬉しいところ。

さて、まずはダイヤモンドトレイルに乗らないといけません。とりあえず、駅を出れば「金剛山へ」との小さな案内があるので、それに導かれるまま、大きな道に出ます。すると、まず目に入るのは、紀伊見荘。なかなか豪華な歴史ある温泉旅館です。

しかし最近、夕方時間帯の日帰り入浴がなくなりまして、ダイトレ登山者からはブーイングが出ているみたいです。日帰り入浴では儲からないのかな…などと余計な詮索をしつつ、そのまま大きな道をまっすぐ行くと、途中、分かりにくい分岐があります。道標もなく、私自身、何度か見落としました。そのまま大きな道を突き進み、「アレ？　アレ？」と思いながら、結局大きく引き返し、ダイトレに乗る前に体力を削られた苦い経験がございます。

ここは、要注意です。しっかり見落とさずに左に入り、細い道をクネクネと、道なりに進みます（住宅軒先の細い道を進むので、かなり不安になるかと思いますが）。すると途中から坂道となり、うっそうとした木々の中を進みます。これがなかなかの急坂で、ダイトレに入る前から体力を削られることに

写真①（紀見峠の看板）

なるので、ここも要注意です。

そして坂を登りきると、大きな道（国道旧三七一号線）に出ます。ここまでくれば一安心、後はこの道を行けば、紀見峠の看板が見えてきます。（写真①）

ちなみにこの周辺には、世界的数学者である岡潔の生誕地やら、腰痛の神様（愛宕神社）やら、気になる人にはとても気になるような名所がありま す。気になった人は、またの機会に巡ってみてはいかがでしょうか。

そしてほどなくして、ダイヤモンドトレイルの合流地点に到達します。

駅からここまで、迷わずにサクッと行っても三〇分強、ウロウロ確認しながらだと四〇～五〇分といったところでしょうか。ここにトイレがあるので、ぜひ、済ませておきましょう。途中、山頂付近まで、トイレはまったくございませんので。

歩きやすい林道から、丸太階段に

最初は、コンクリート舗装の林道です。さわやかな渓流を横目に、なだらかな坂道で非常に歩きやすく、一五分程度で「山ノ神」に到着します。大きな木製看板があるので、絶対に見落とすことはないでしょう。

このような看板は、道中、たくさんあります（もっとも、看板があるだけで、特に見所はありませんが）。これらを節目のチェックポイントにして、細かく区切りながら行けば、長丁場のこのルートも、気分的には幾分楽になりますね。

さて、「山ノ神」から少し行けば、コンクリート舗装から地道となり、いよいよ山道に突入。

そしてほどなくして、急な丸太階段となります…が、この階段はなかなか途切れることなく、延々と一五分くらい続きます。いきなりのエンドレス階段、休み所が分からず、戸惑ってしまうかもしれま

せん。（写真②）

スタートしたばかりでまだまだ体力に余裕があり、ここで飛ばしてしまうと、後が大変。まだまだ先は長いので、焦らず、ゆっくり登りましょう。

登りきった後は、基本、坂道が続きます。平坦なところ、けっこうキツイところと、わりとメリハリが効いていますが、惑わされることなく、自分のペースを守りたいところです。

写真②（最初の丸太階段）

そしてダイトレ合流から一時間強で、「西ノ行者堂」に到着。（写真③）

ダイトレにある大きな看板には、ご丁寧に、標高も表示してくれています。

ここは標高七三三ｍで、紀見峠が標高四〇〇ｍでしたから、そこそこ登ってきたことが分かりますね。高低差がハッキリ数字で示されると、達成感が湧きますね。

写真③（西ノ行者堂）

トレイルランニングに最適!?

さて、ここからはタンボ山、杉尾峠、そして行者杉と、二〇分毎くらいにチェックポイントとなる大きな看板があるので、「グイグイ進んでいる」感があります。

そして、このあたりはアップダウンが少なく平坦なところが多いので、非常に快適なのです。（写真④）

実際、「西ノ行者堂七三三m」⇓「タンボ山七六三m」⇓「杉尾峠（標高表示なし）」⇓「行者杉七一五m」と、ほぼ平坦です、いや、むしろ下っております。

このあたりの道はしっかり整備されているので、あまりの快適さに、ついつい走ってしまいそうになるのです、というか、私はよく走っています。最近流行りの「トレイルランニング」というヤツですね。街中を走るのと違って、道は狭く、木々の中を走り抜けるので、体感速度はかなりのものです。

整備されているとは言え、地道の凸凹を避けながら走るので、まるで体そのものがオフロードバイクになった気分です、転倒注意。空気は新鮮で、山道を颯爽と駆け抜ける快感は、クセになりそうです。ちょうどこのあたりの道は、そんなトレイルランニングに最適なのです。

のんびり歩くのもいいですが、ちょっとだけ走ってみるのも、よい刺激になるかと思います。実際、このルートはたまにトレイルランナーと出くわすこともあります。

本項目の最後で紹介している『ダイトレチャレンジ登山大会』でも、トレイルランニング部門があるくらいですから。ただ、彼らは本気で「走りに」来ており、狭い道をかなりのスピードで走り抜けてきますので、気をつけましょう。

写真④（トレイルランニングに最適？）

ちなみに一度だけ、マウンテンバイクの集団が走り抜けていったのを見た時は、目を疑いました。快適な道なだけに、何が来るか分かりませんので気をつけましょう。

大休憩、そして急坂へ

行者杉までくれば、ここでほぼ半分です。ここは見晴らしがよく、少し広場になっており（イスもある）、昼食や大休憩にちょうどよい場所です。小屋もありますしね。（次頁写真⑤）

ちなみに、行者とはもちろん、金剛山ではお馴染みの役行者のこと。ここには役行者を祀る祠があり、（次頁写真⑥）その周辺の一群の老齢杉を行者杉というそうです。古来より修験者の行場として、見守られてきた場所とのこと。

十分に休憩を取って、さぁ行くぞ、と意気込むも、ここからも楽な道が続きます。さっきから全然登っていないぞ、と、これで山頂まで行けるのか、と、そろそろ不安になってくる頃に、金剛トンネルの看板。この下をトンネルが通っているんですね。

そしてここは標高六九二mと、まさかの七〇〇m割れ。楽だと思っていたら、なんと、けっこう下っていたのです。

しかしご安心ください、ここからいよいよ登りと

写真⑤（広場）

なります、しかも急激に。

急激な登りといえば、そう、丸太階段のお出ましです。久々の登りにゼイゼイ言いながら登りきると、ほどなくして「神福山」の看板が見えてきます。

ここが標高七九二mなので、一〇分ちょっとで一気に一〇〇mを登ったわけで、それはキツイわけです。でも、達成感はあります。標高の表示があると、どうしても数字が気になってしまうのは、私だけでしょうか。

そして、ほどなくして次のチェックポイント、千早峠に到着です。（写真⑦）

写真⑥（祠）

四山、三峠を越えて…

千早峠は、歴史スポットでもあります。

ここは幕末、天誅組《てんちゅうぐみ》（尊王攘夷派浪士の一団）が、幕府直轄の五条代官所を襲撃した際の、行軍路として有名なのです。初の倒幕軍事行動「天誅組の変」として、歴史好き（とくに幕末）の方にとっては、興味深いところではないでしょうか。

実際、ここから五条まで抜けることができます（エスケープルートとしては、少々遠いですが）。

さて、そんな歴史ロマン溢れる千早峠を過ぎると、またもや丸太階段です。

笹が生い茂る中、五分、一〇分…なかなか終わりが見えません。しかも、ここの階段は不揃いでリズムが取りにくく、余計にキツく感じます。ゼイゼイ言いながら登っているうちに、階段は木の根道に変わるも、笹と坂道は続くので、景色とキツさは変わりません。

ただ、標高には敏感になっているせいか、「これはけっこう高度稼いだぞ」などと思いつつ、千早峠から三〇分ほどで、「高谷山」の看板と出会います。気になる標高は九三四．八ｍ、ここにきて、一気に高度を上げてくるのです（その分、キツい）。

写真⑦（千早峠）

そこからはわりと平坦な道を行くこと二〇分くらいか、パッと視界が開け、見晴しが良くなります。それまでのうっそうとした雰囲気から一転、日当たりも良好。そんな道を少し歩けば、中葛城山に到着（標高九三七ｍ）。そこからは狭い道を、草をかきわけ進み、長～い階段を下れば、久留野峠です。

そうです、ここまで四つの山（タンボ山、神福山、高谷山、中葛城山）と三つの峠（杉尾峠、千早峠、久留野峠）を越えてやってきたのです。

写真⑧（日当たり良好）

お馴染みの道に、合流

久留野峠までくれば、気分的にはすごく楽になります。なぜなら、ここから三〇分も下れば、お馴染みのバス停「千早ロープウェイ前」、つまり簡単にエスケープできるからです。逆に言えば、バス停から少し登れば、この久留野峠です。

そうです、バス停～久留野峠～金剛山頂は、アクセスの良い金剛登山道の一つでもあるのです。なので、常連さんにとっては、ここからは「いつもの見慣れた道」なのです。

ただ、紀見峠駅からはすでに四時間ほど歩いており、気分的には楽でも、体力的には一番キツイところでしょう。というのは、ここから木の根道、石ゴツゴツ道、そして丸太階段と、バラエティ豊かな登り坂となるからです。でも、最後の力を振り絞って頑張れば、三〇分足らずで伏見峠ルート（18ページ参照）との合流地点です。ここまでくれば、あとは伏見峠ルートと同じ、ここからは21ページでご確認ください。

なお、このルートでのピストン（往復同じルート）は無理なので、千早本道か伏見峠ルートで下り、バス・電車で帰ることになります。

ダイトレ踏破も、視野に入れて？

さて、今回はほぼ休憩なしで、サクサク進んだときのタイムで示しましたが、それでも五時間はかかりました。

でも実際には休憩は必要ですし、途中、ランチタイムは欲しいところ。

ゆっくりランチ休憩を取ったりするのなら、六〜七時間くらいは見ておきたいところです。なお、途中にお店や自動販売機などございません、食料・水は必須です。

なお、このルートで自信を持ったらなら、ぜひともも、ダイヤモンドトレイル全コース踏破をお勧めいたします。

ちなみに、特筆すべきダイヤモンドトレイル情報としては、毎年四月に開催される、大阪府山岳連盟主催の『ダイトレチャレンジ登山大会』というビッグイベントです。近鉄当麻寺駅から、「初級（葛城山までの約一四km）」、「中級（金剛山までの約二一km）」、「上級（紀見峠駅までの約三六km）」と、参加者の体力に合わせた三コースから選択します。

嬉しいことに、当日参加ＯＫ（もちろん事前申込もＯＫ）なので、当日の体調や天気を見て、参加するかどうかを考えることができます。

しかも、コースの選定は「スタートしてから決められる」のです。

前々から気になっていたこの大会、一昨年、私は初めて参加しました。

とりあえずは中級くらいかな…と思ってスタート

したのですが、二五〇〇名を超えるとんでもない参加人数にテンションが上がり、一気に上級まで突っ切ったのです。七時スタートで一七時ゴールと、約一〇時間の超長丁場でした。

ただ、調子に乗り過ぎて、翌日から体調を崩し、約一週間寝込んでしまったとのオチがつきますが。

写真⑨（ダイトレ踏破認定書）

ダイヤモンドトレイル 登山データ

目安タイム

- ほぼ休憩なしで、迷わずサクサクと：5 時間程度
- 普通に、ボチボチ休憩しながら、　：5 時間 30 分～ 6 時間程度
- ゆっくりランチ休憩含め、のんびりと：7 時間程度

危険度

■■□□□ 2（5 段階）

体力度

■■■■■ 5（5 段階）

交通機関アクセス

- 紀見峠駅（南海高野線）

ROOT 6 番外編（ロープウェイ）

ロープウェイに乗って、山頂へ

金剛山は、ロープウェイに乗って、山頂へ行くことができます。

なので、ロープウェイに乗るのは、登山口から登るのはキツイであろう、小さな子供連れや高齢の方がメインと思いきや、意外と、普通の登山者も多いのです。というのは、ロープウェイで行けるのは山頂中腹までで、山頂へは、ロープウェイ山頂駅（金剛山駅という）から三〇～四〇分程度、山道を歩くことになるからです。ロープウェイだからといって、まったく労せずに山頂まで行けるわけではございません。

とはいえ、ロープウェイからの山頂道は、登山口からのどのルートと比べても、道は緩やかで、はるかに楽なことには違いありません。ロープウェイを使うことで、お手軽に、金剛山の自然を大いに満喫できるのです。

実は先日、私は久々にロープウェイに乗って山頂に行きました。そのときは体調が悪く、登山口から登るのはキツイと思ったのです。体調が悪ければ登るなよ、という話ですが、無性に登りたくなるときがあるものです（そんなとき、ロープウェイはありがたい）。

ただ、山頂で回数スタンプを押してもらうときには、若干の罪悪感がありましたが。そして、そのときは、ロープウェイからの山頂でも、それなりにしんどかったことは覚えております。

そうです、ロープウェイからの山頂は、「登山口からのどのルートと比べても、道は緩やかで、はるかに楽」とは書きましたが、街中をぶらつくような感覚では痛い目に会います。一〇〇〇mクラスの山頂付近を三〇～四〇分程度歩くわけですから、（私のように体調が悪いときでなくても）油断は禁物なのです。たまに、ロープウェイに乗ってから、「ええ、山頂まで三〇分以上も歩くの⁉」と、リサーチ不足極まりない人もいるらしいですが…。

というわけで、ここでは番外編として、「ロープウェイルート」をご紹介します。

写真①（ロープウェイ乗り場までの急坂）

ロープウェイでの空中散歩

ロープウェイに乗るには、バス終着駅『ロープウェイ前』で下車します（車で行くときも、バス停『ロープウェイ前』付近に複数駐車場あり）。

そして、ロープウェイ乗り場（千早駅という）には、そこから一〇分程度歩きます。

車道の突き当りから、さらに進む道があるので迷うことはないでしょう。ただ、ロープウェイ乗り場までは、けっこうな急坂です（写真①②）、それを知らずに、今日はロープウェイで楽々だと思っていると、いきなり出鼻をくじかれるので要注意です（何事もリサーチは大切）。

途中、土日だけ営業している茶屋を横目に、グイグイと登りましょう。

ロープウェイについては、P98［5：施設］でも触れているように、全国でも珍しい村営（千早赤坂村）ロープウェイです。

写真②（ロープウェイ乗り場（千早駅））

一号機が「ちはや」号、二号機が「あかさか」号と、ベタなネーミングです。

延長一三二三mを約六分で運んでくるのですが、秒速五mの速さで、グイグイ高度を稼ぐので（高低差二六七m）、なかなかの爽快感です。こじんまりした機内（定員四六人）と、適度な老朽化（一九六六年開通で、運行五〇年以上！）が、程よいスリル感を演出（？）しております。

移動手段としてだけではなく、アトラクションとしても、（とくに子どもには）乗ってみる価値ありでしょう。とくに「下り」はなかなかスリリングで、大声ではしゃぐ子供達に遭遇したのは、一度や二度ではありません。目に見えるには、ひたすら木、木、木。なんだか、「目の良くなる本」に載っているような風景が広がります、最初から最後まで。でも、視線を上げると、遠くに大阪湾なども見えて、展望は良好、清々しいです。そしてあっという間に、山頂駅「金剛山駅」に到着です。

ところで、この金剛山駅に二〇一七年夏、展望デッキが新設されました（写真③）。といっても、とくにアピールすべきものはない普通の展望デッキですが、せっかく「ダイヤモンドテラス」というカッコイイ名前も付けられているので、一応、上がってみることをおススメしておきます。

香楠荘、ピクニック広場、ミュージアムなどの施設もすぐ

さて、金剛山駅を出て少し歩くと、まず目につくのは「香楠荘」の立派な看板です。

そうです、そこから坂道を五分程度、一直線に上がれば、金剛山の宿泊施設「香楠荘」が見えてきます。そして、星と自然のミュージアム、ピクニック広場、キャンプ場などの施設（これらまとめて、ちはや園地〈P98［5：施設］参照〉）がすぐそこなのです。

写真③（金剛山駅展望デッキ「ダイヤモンドテラス」）

なので、山頂まで行かずに、このあたりで遊ぶことを目当てに来る人も少なくありません。

とくに雪が積もっている時期など、ピクニック広場にある山場は格好の滑り台で、子ども達で大賑わい。そんなときは、ロープウェイ客の大半は、雪遊び目当てだったりします。なので、雪の積もっている土日など、ロープウェイは大混雑で三〇分〜一時間程度待つことも。当然、駐車場も大渋滞となるので、覚悟して行きましょう（というか、避けたいものです）。

ちなみに、香楠荘までくれば、すぐにダイヤモンドトレイル（伏見峠ルートでもある）に合流できます。なので、そこから山頂まで、あとはダイヤモンドトレイル・伏見峠ルートと同じです。

ロープウェイから山頂への、正規ルート

さて、ロープウェイから山頂への正規ルートとしては、いわゆる「金剛山遊歩道」なるルートがあります。金剛山駅を出て、先ほどの（香楠荘への）坂道を登らずに、「香楠荘」看板左手のコンクリート坂を上ると、木製デッキがあります。

この木段を登ってください（雨や雪のときは相当滑りやすいので注意）。すると大きなトイレがあるので、その前を通って、レトロな昭和テイスト抜群の看板（写真④）を過ぎれば、木々に囲まれての遊歩道となります。

そこからは、先ほどの看板の内容（森林浴を楽しみましょう！）に違わず、まさに森林浴となります。

しばらくは歩きやすい「遊歩道」なのですが、途中から、所々、道は狭くなって、ゴツゴツ石がむき出しになっている急勾配もあったりと、足元は悪かったりもします。

写真④（レトロな看板）

基本的には、緩やかな尾根道で安全なのですが、油断禁物です。「遊歩道」といいながら、実は、けっこう歩きづらいところもあるので要注意なのです。

ただ、左手はずっと開けていて、開放感は抜群。基本、金剛山のルートは、うっそうと薄暗い道が多いので、開放感がずっと味わえるこのルートは、それだけでも歩いてみる価値アリでしょう。

山頂まで三〇～四〇分程度ではありますが、ご丁寧に「あと〇〇分」との看板（写真⑤）がたくさんあります、というかあり過ぎます。あと三〇分、二四分、一七分、一二分、八分、となぜ、そんなに小刻みにたくさんあるのか分かりませんが、まぁ、ありがたいと言えばありがたいですね。

　また、途中から、伏見峠ルートからの分岐ルート（19ページ参照）がいくつか合流してきます。

写真⑤（こんな看板が、わずかな距離の間に、５つもある）

合流地点は分かりにくく、その分岐ルートを知らないと、ふと横道から人が合流してきて、「この人、どこから登ってきたの？」と焦るかもしれません。

　逆に、自分がその分岐ルートで登ってきて合流したときに、この遊歩道を歩いている人にビックリした顔をされたとき、（ふふ、あなた達の知らないルートもあるんですよ、と）優越感を感じるのは私だけではないはず、でしょうか？

遊歩道の、見どころ

　最後に、このルートの名所を挙げるとすれば、山頂付近にある「岩屋文殊」（写真⑥）でしょうか。

　素人目にはただの大きな岩ではありますが、紙垂（シデ）が巻かれていると、なんでも神々しく見えてくるのは、私だけではないはず。これはなんと、一〇五〇年前から奉祀されており、かの楠木正成も信仰し、知略を授かったそうな。そういったエピソード

写真⑥（岩屋文殊）

を聞くと、有難みが五割増しするのは、これも、私だけではないはず。

ご利益は、「入学や進学、勝利への道等あらゆる智慧を授けられる」そうなので、とりあえずは拝んでおきたいものですね。

そして、ほどなくして、「大変お疲れ様」の立て板がお出迎え。

この「大変お疲れ様」（写真⑦）の表示には、いや、ロープウェイで楽して来たんですけどね…とちょっと小恥ずかしい思いをしながらも、転法輪寺前に到着となります。

はじめての（もしくは久々の）金剛山で不安だ…であれば、まずはロープウェイを使ってみるのもアリです。

また、何度か登っているけど、ロープウェイは乗ったことないなぁ…という人も、たまにはロープウェイ

写真⑦（大変お疲れ様の立て板）

での空中散歩＋のんびり遊歩道もアリですよ。もしくは、下りだけロープウェイも使うのも、一つの手ですね。とくに子連れのときは、安全で歩きやすい伏見峠ルートで登って、ロープウェイで下るのもおススメです。理由としては、「子どもは下りで（全力で駆け下りて）コケる可能性が高い」「ロープウェイは、下りの方がスリリングで子どもには面白い（登り切った子どもへのご褒美に）」「登りで子どもは体力を使い果たして、下りでぐずる」といったところです。

ただ、ロープウェイは強風にめっぽう弱く、けっこうな頻度で「強風のため、運行中止」となるので、事前確認は必須です。

番外編（ロープウェイ）

目安タイム

・40分程度（ロープウェイ金剛山駅より）
・60分程度（ロープウェイ前バス停・駐車場より＜ロープウェイ待ち時間含まず※＞）
※平日（30分毎）や混雑時など、相当な待ち時間となる可能性あり

危険度

■□□□□ 1（5段階）

体力度

■◧□□□ 1.5（5段階）

交通機関アクセス

・河内長野駅（南海高野線／近鉄長野線）下車、「千早ロープウェイ前行き」に乗車、『千早ロープウェイ前』バス亭下車すぐ
・富田林駅（近鉄長野線）下車、「千早ロープウェイ前行き」に乗車、『千早ロープウェイ前』バス停下車すぐ

駐車場

・バス亭『千早ロープウェイ前』付近に、道沿いに民間駐車場（1日500円（土日祝は600円）⇒管理人常駐（人による清算）⇒雨の日や、子連れだったりすると、100円ほどサービスしてくれることも（人情味溢れる？）⇒場所によっては狭く、止めにくい場所もあり
・バス道の終点（行き止まり）に府営駐車場（1日600円）⇒機械式⇒基本、サービスはなし（機械的、というか機械そのもの）⇒駐車場は広く、アスファルト舗装で停めやすい

ここがスゴイ！金剛山
【1：登山者数】

平成二十九年五月二十二日の日経新聞夕刊に、金剛山の記事が載っておりました。

そこには、「金剛山は標高一一二五m。大阪の都市部から気軽に登山が楽しめることもあり、**年間約一二〇万人が訪れる**」との記載が。

そう、私が長年、モヤモヤしていたことがスッキリした瞬間でした。

金剛山登山者数の正式なデータはないので、常連さんの妄想（日本で一番多いに決まっとる）や、ネットのエセ情報（年間一〇〇〇万人は固い）に翻弄されつつも、長年、信頼できる数字を探し求めていました。そして、偶然にも本書執筆のタイミングで、ついに見つけたのでした。

日経新聞の記事ですから、この「年間約一二〇万人」は、信頼できる数字と言えるでしょう。

富士山が年間約三〇万人ですから、これはスゴイ数字です。

高尾山の年間約三〇〇万人は別格ですが（これは日本一どころか、世界一だそうです）、一説によると、それに次ぐ、登山者数日本第二位との噂もあるくらいです。

これだけの登山者数を誇る理由としては、「アクセスが良い」「低山で無理なく登れる」「春夏秋冬いつでも登れる」「登山道が整備されている」などいろいろありますが、それらは他の山でも言えること。それだけでは、年間一二〇万人も登らないでしょう。

ズバリ、一番の理由は、「回数登山」の山だからです。

最初にスタンプカード（六〇〇円）を買えば、登るたびに、山頂事務所でスタンプを押してもらえます。これは他に類を見ない、金剛山独自のシステムです。

一回目で青バッジ、五回目で赤バッジ、そして一〇回目で銀バッジと、最初はサクサクとバッジがもらえるのが嬉しいところ（一〇回目の次は五〇回目と、ちょっとハードルは上がる）。

私も最初はこのバッジ（写真①）に釣られて登りはじめました。

登頂一〇回達成

写真①（バッジ）

すれば、カードが満タンになります。満タンになれば、二枚目のカードを買うことができます（二枚目からは四〇〇円）。そして満タンカードが五枚になれば、つまり登頂五〇回に到達すれば、ようやく黒バッジがもらえます。そして、山頂の巨大掲示板に名前を揚げてもらえるのです。

ただ、登頂五〇回

写真②（山頂の 200 回以上登頂者掲示板）

以上の掲示板は山頂の隅っこの方、一〇〇回以上の掲示板も少々分かりにくい場所です。

二〇〇回以上の掲示板が、デカデカと目立つ場所に、圧倒的な存在感で、そびえ立っているのです。（写真②）

初めて金剛山を訪れる人は、この巨大掲示板そのものの存在、そして、その登頂回数に圧倒されるはず。登頂一〇〇〇回達成者などゴロゴロおりまして、二〇〇〇回、三〇〇〇回…なんと一〇〇〇〇回以上が九人、そして最高は一五〇〇〇回以上です。もはや息をするかの如く、金剛山に登っている人達でしょうね。

ただし、掲示板に名前を揚げてもらえるのは、金剛練成会への入会が条件となります。

もっとも、金剛山が好きなら、年齢性別職業国籍問わず誰でも入会できます。会員には犬もいるようなので、人間でなくてもＯＫみたいですね。

年会費は六〇〇〇円ですが、年二回のお祭り（春のさくら祭り・秋のもみじ祭り）の際にはお弁当がもらえます。また、会員専用更衣ＢＯＸが使えたり、ロープウェイ割引があったりと、それなりの特典があるよう

写真③（100 回メダル）

です。

そして何といっても、会員になれば、登頂一〇〇回時には金バッジに加え、記念メダルがもらえるのです。（写真③）この記念メダルが非常にカッコよく、ステータス感抜群なのです。

写真④（1000回盾）

私は一昨年、このメダルをゲットし、自宅玄関に飾っております。たまに食いついてくれる人がいて、分かる人には、分かってもらえるようで嬉しい限りです。

このメダルを手にしたなら、おそらく、金剛山には一生登り続けることになるでしょう。一〇〇回の次は二〇〇回、三〇〇回と、一〇〇回毎にメダルがもらえます。そしてメダルが一〇枚貯まれば、いよいよ登頂一〇〇〇回達成となります。

貯まった一〇枚のメダルを盾に入れれば、凄まじい存在感を放ちます。当然、これはいくらお金を積んでも買えません。

同じ山に一〇〇〇回登った、そんな人は、どんなシーンにおいても、絶対に一目置かれることでしょう。

山頂事務所にその一〇〇〇回盾サンプル（写真④）が置いていますが、私を含め、誰もが憧れるシロモノなのです。自宅玄関に飾れば…多分、大きすぎて邪魔になるでしょうが、絶対に飾りたいと思っています（一目置かれたい）。

金剛練成会員は五〇〇〇名程度おり、彼らの多くが、ほぼ毎日やってくる「常連さん」です。彼らが、登山者数一二〇万人の原動力になっているわけですね。

そうです、年間登山者数は「のべ人数」ですから、一二〇万人という登山者数のわりに知名度が低いのは、そういった理由があったわけですね（同じ人が何度もカウントされている）。

金剛山に登るからには、大阪府、もしくはその周辺に住んでいる人であれば、ぜひとも、「常連さん」になって、一〇〇回、一〇〇〇回を目指してみてはいかがでしょうか（私は目指しています）。

近畿圏外となれば、一〇〇回、一〇〇〇回は難しいでしょうが、一〇回程度であれば、遠方の人でも十分到達できる数字です。一般には、同じ山に一〇回も登れば（しかもそれが遠方であれば）、十分「常連さん」ですね。

スタンプには日付もあるので思い出になりますし、有効期限もありません。

ゆっくり時間をかけてでも、「金剛山に一〇回登る」を、目標の一つに付け加えてみませんか？

ちなみに私は現在、一八〇回以上、金剛山に登っていますが、一度たりとも「同じ登山」はありません。

なぜなら、季節や天候、そしてルートによって、まったく違った登山となるからです。

そして何より、人生の節目節目での登山は、その記憶と体験が結びつき、唯一無二の思い出として、しっかりと心に刻まれているからです。

ちなみに一番しんどかったのが、新卒で入った信用金庫をわずか一年で辞め、その直後に登ったとき。

金剛山で道に迷うことはありませんが、これからどうしたものかと、人生に迷いに迷いながら登ったことを、今でもハッキリ覚えております。

そして、体調も思わしくなく（それなのに、なぜ登ったのかは不明）、ものすごくしんどかったことも覚えています。

千早本道五合目あたりで、「もう引き返そう」と心折れかけましたが、ここで引き返しては負けだと思い、なんとか登り切りました。そのときの登り切った自信が、二〇年近く経った今でも、自分の中では大きな自信として残っております。

他にも、初めて子どもを連れていった登山、初出版が決まったときの登山、などなど。

一〇〇〇回も二〇〇〇回も登っていれば、金剛山の思い出は、人生そのものの思い出となることでしょうね。

ここがスゴイ！金剛山
【2：歴史】

金剛山と言えば、楠木正成。

楠木正成と言えば、金剛山に千早城を築き、幕府の大軍をわずかな手勢で徹底抗戦し（一〇〇日間持ちこたえ、幕府軍は撤退）、それが倒幕の原動力となったことで有名ですね。

金剛山には今も、その名残を味わえる千早城跡があり、歴史マニア垂涎の聖地でもあるのです。

千早本道ルート紹介（8ページ参照）でも触れていますが、千早城は、楠木正成が構築した難攻不落の名城、山上の要塞です。

約一〇〇万もの軍勢を、わずか千人足らずで持ちこたえたことは、歴史上の合戦の中でも、他に例のないことです。もっとも、約一〇〇万とは多少の誇張はあるようで、実際には十数万との説が有力らしいですが、それでも十分スゴイですね。

そんなスゴイことを可能としたのが、四方を絶壁に囲まれた自然の要塞であること、そして、その地形を存分に活かし、奇想天外なゲリラ戦を展開した楠木正成の知略です。

急坂を上がってくる敵に対し、上から大石や丸太を落としたり、油をかけて火を放ったりするわけです。さらには、藁人形に甲冑をかぶせて槍・弓を持たせ、敵を欺いたりもするわけです。

やられる方はたまったものではありませんが、軍記物語の題材としては、最高の素材ですよね。

そうです、金剛山は、日本を代表する軍記物語、『太平記』の舞台でもあるのです。千早城の戦いの様子は『太平記』に詳しく描かれていますので、ご興味ある方は、これを機会にぜひお読みください。

ちなみに、千早本道の登り口や、千早城跡には、甲冑を着た藁人形（写真①）が置いております（もちろん、実際に使われたモノではありません、レプリカです）。

写真①（甲冑人形）

そんなことから、大河ドラマで『太平記』が放送された際には、ここ金剛山周辺にも、一斉に歴史マニアが押し寄せたとか。また、千早城跡は「日本一〇〇名城」に指定されていることから、城マニアなら一度は訪れたい場所でもあるのです。

千早本道ルートで登れば、千早城の難攻不落っぷりを、身をもって体感することができるので、歴史・城好きにはたまらない登山となることでしょう。

なお、千早城跡にはこんな看板（写真②）があります。

難攻不落の千早城にあやかり、『菊水家紋の御守り』が出来たそうです。

ちなみに菊水家紋は、楠木正成の家紋。千早城を『守り』抜いた楠木正成が、あなたも必ずや『守って』くれるとのこと、なるほど、そうきたか。

私の場合、一八〇回も登っているので、他の人よりも効果があるかな…などと勝手なことを思ってお

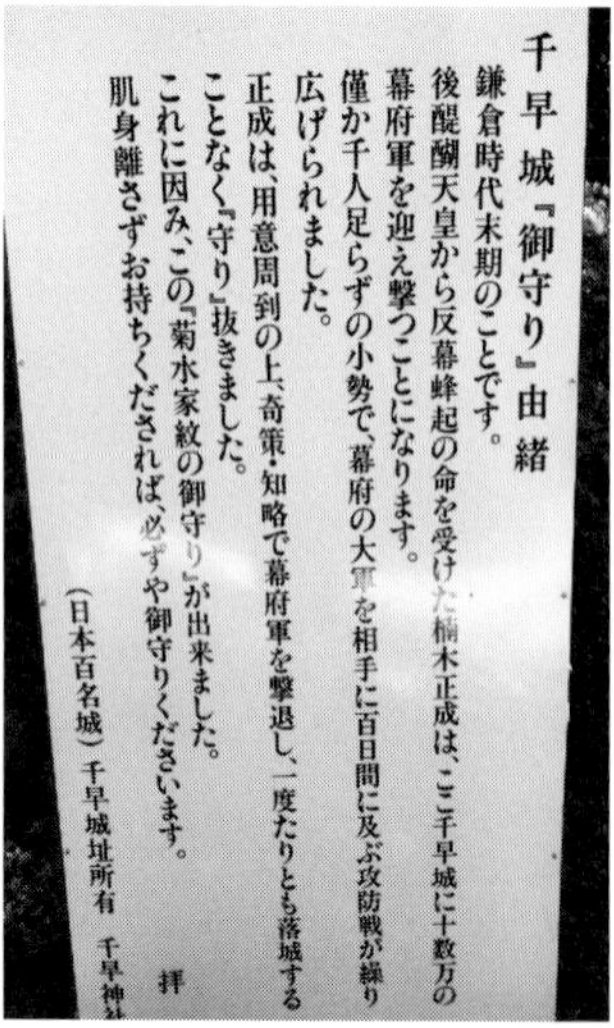

写真②（千早城『御守り』由緒）

ります。

また、千早城は『落ちる（落城する）ことはなかった』ことから、受験生の御守りとして『落ちないご祈祷米』（写真③）も販売しておりました。不落（おちない）千早城とのこと、なるほど、これも上手いですね。

写真③（ご祈祷米）++

また、千早本道の登り口（まつまさ入口）には、こんな看板（写真④）があります。数年前はなかったので、最近できたようです。いつの間にか、千早城跡はパワースポットに認定されたようです。とくに最後の二行、力がこもっていますね。ただ、残念ながら、千早城跡パワースポット説は、多分、あまり浸透してはおりません。

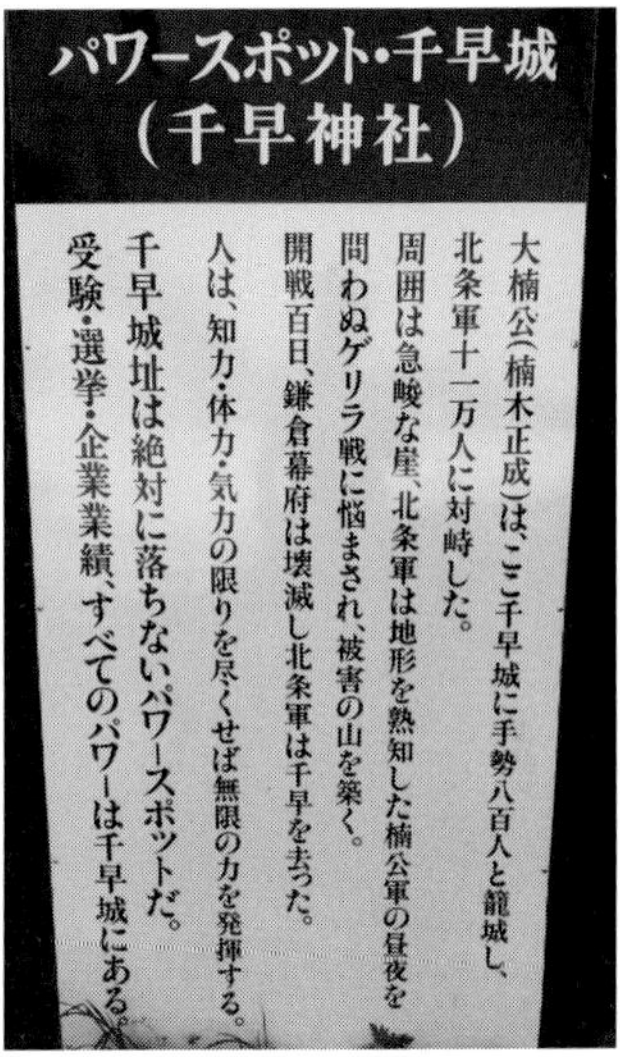
パワースポット・千早城
（千早神社）
大楠公（楠木正成）は、ここ千早城に手勢八百人と籠城し、
北条軍十一万人に対峙した。
周囲は急峻な崖、北条軍は地形を熟知した楠公軍の昼夜を
問わぬゲリラ戦に悩まされ、被害の山を築く。
開戦百日、鎌倉幕府は壊滅し北条軍は千早を去った。
人は、知力・体力・気力の限りを尽くせば無限の力を発揮する。
千早城址は絶対に落ちないパワースポットだ。
受験・選挙・企業業績、すべてのパワーは千早城にある。
写真④（パワースポット看板）

そんな（流行の）パワースポットにあやからなくても、金剛山には十分、オンリーワンの魅力はあると思うのですが。

さて、太平記での記述ではいろいろ脚色があるらしいですが、史実として、楠木正成は天皇のため（後醍醐天皇に要請され）、全力で幕府と戦ったわけです。

そして最後は、勝ち目のない戦いに挑み、湊川で壮絶な死を遂げました。

そんなエピソードから、戦時中には、（国民の士気を高めるべく）愛国・尊王のシンボルとして崇められました。かつて、一九四四年発行五銭札にはその勇姿が印刷されていましたし、皇居外苑には今でも、迫力満点の銅像がそびえ立っています。

ところで金剛山から車で二〇分ほど、河内長野市にある観心寺は、楠木正成幼少時の学問所。楠木家の菩提寺でもあり、ここにも皇居と同じく、馬に跨る楠木正成の立派な銅像（写真⑤）が建てられています。その堂々たる様は、一見の価値ありです。

ちなみに伝承によると、観心寺の開創は、これまた金剛山と縁が深い、役行者（105ページ参照）と言われています。その後、かの空海が、本尊である如意輪観音像を安置し、「観心寺」の寺号を与えたと

写真⑤（楠木正成の銅像）

か。

観心寺には、金堂、如意輪観音像、観心寺勘録縁起資材帳と三つの国宝があり、他にも、相当数の重要文化財があります。それでいて拝観料は三〇〇円で駐車料金無料、これはかなりおトク（？）かと思います。

また、観心寺とは逆方面ですが、やはり金剛山から車で二〇分ほどのところには、楠木正成生誕の地があります（石碑もあり）。

同じ敷地には、千早赤坂村立郷土資料館（楠木正成に関する歴史資料も展示）や道の駅ちはやあかさか（大阪府で初めて設置された道の駅で、驚くほどコンパクト）があり、ちょっとした観光もできます。

このように、楠木正成ゆかりの名所が、金剛山周辺には点在しているのです。

そんな楠木正成は、地元では、もはや「神」扱い。金剛山中腹、千早城（9ページ参照）本丸跡にある千早神社は、八幡大菩薩を祀って創建されていますが、後に楠木正成、楠木正行も合祀されています。ちなみに楠木正行とは、楠木正成の嫡男。

地元では尊敬・畏敬の念を込めて「大楠公」と呼ばれている正成に対して、正行は「小楠公」と呼ばれています。いや、「小」だからといって決して軽んじられているわけではなく、南北朝時代の立派な武将の一人です。

ただ、なぜか正行のお墓はアチコチにあり、京都の右京区や宇治、大阪の東大阪や四条畷、さらには鹿児島にまで点在しているようです。ちなみに正成のお墓（首塚）は、前述の観心寺にあります。

あれっ、金剛山には楠木家のお墓はないのか、という声が聞こえてきそうですが、ちゃんと、あります。メインルートである千早本道（8ページ参照）の二合目を過ぎたあたりに、「楠木正儀の墓」（写真⑥）と言われている五輪塔があるのです。

楠木正儀、また新たな人物が出てきましたが、彼は、楠木正成の三男です。

写真⑥（楠木正儀の墓（一説には、正成の墓とも…））

二人の兄が討死したので、楠木家の家督を継いだのは、実は、この正儀なのです。父に勝るとも劣らない、戦の達人だったそうな。

天皇の忠臣中の忠臣とされている楠木正成や正行と違って、この正儀は、ちょっとそうでもなかったところもあるようで（諸説アリ）楠木家も、いろいろ「闇」がありそうな匂いがします。

楠木正成のネームバリューがスゴイので、それに隠れてしまっていますが、実は、楠木一族もいろいろなキャラがいるようですね。

また、金剛山頂付近にある葛木神社では、一言主神（ひとことぬしのおおかみ）が主祭神として祀られていますが、副祭神として楠木正成、後醍醐天皇等も祀られています。

ちなみに一言主神とは、金剛山周辺ではその名を知られたユニークな神様です。

その名の通り、もともとは「悪事も一言、善事も一言、言い離つ神」、すなわち「何事も一言で言い放つ託宣の神」とされていたのですが、今では、「一言の願いであれば、何でも聞き届けてくれる神」となっているようです。なんだか、都合の良い解釈ですね。

なお、金剛山のお隣、葛城山の麓に「葛城一言主神社」があり、地元では「いちごんさん」と呼ばれて親しまれています。

古事記・日本書記等にも出てくる由緒正しい神様であり、ご興味ある方は、そちら葛城山にまで足を伸ばして、そして一言お願いしてみてはいかがでしょうか？

金剛山葛木神社

ここがスゴイ！金剛山
【3：山頂】

金剛山山頂には、国見城跡という見晴らしの良い広場があります。

ちなみに本当の山頂（最高地点一一二五ｍ）は神域となっており、立入禁止。ですので、この広場が実質的な山頂とされています。

そこでまず目に入ってくるのが、『金剛山頂』との年季の入った木製看板。（写真①）

これは金剛山のアイコン的存在で、たいていの人はここで写真を撮ります。なので、この付近でボ～と突っ立っていると、「写真撮ってください」と頼まれるので要注意です。

いや、その触れ合いが楽しいんだろ、と思う人も多いでしょうが、私は「上手に撮らねば」「モタモタしたら迷惑だ」「写し方が分からなかったら恥ずかしい」「壊したらどうしよう」などと、やたら気負ってしまいます（共感される方も少なくないか、と）。

そのような、「あまり声を掛けられたくない派」のための注意喚起でした。

そして、看板の隣にある時計台も、実は密かな名物です。その独特のフォルムを模した「金剛山頂時計台ポーズ」（写真②）は、知る人ぞ知る、秘密の暗号のようなもの。山頂にてこのポーズをしている

写真①（金剛山頂看板）

人がいたら、「お主、やるな」と、心の中で称えてください。知らない人からすれば「変なポーズしている、変な人」なので、これをやるには勇気がいりますので。

さて、山頂広場からの景色ですが、これは言うまでもなく、絶景。（写真③）

よく晴れた日には、遠く関西国際空港、淡路

写真②（時計台ポーズ）

島、そして明石海峡大橋がクッキリ見えることも。とくに南大阪の風景がよく見えるので、地元民は、自宅を必死に探します（視力一〇・〇くらい必要でしょうが）。

ちなみに、写真の中央にポツッと見えるのは、PLの塔。かつて全国を沸かせたPL学園野球部で有名な、PL教団のシンボルです。地元では知らない人はいません（というか、嫌でも日に入ってきます）。一九七〇年、歴史上のあらゆる戦没者の鎮魂、そして世界平和を祈念して建てられました。地元民には見慣れた塔ですが、住宅地にそびえ立つ異形の巨大な塔は、初めて見るにとっては衝撃的らしいです。

ＰＬと言えば、毎年八月一日の花火大会。最近は縮小傾向ですが、かつては日本一、いや、東洋一の規模とも言われており、南大阪民の誇りです。その

写真③（山頂からの景色）

花火大会は、金剛山頂から見ることもできます。

　飛行機に乗らずして、花火を眼下に見下ろすことができる、超特等席なのです。ただし、真っ暗な山道登山を覚悟しなければなりませんが…。

　そして金剛山山頂名物と言えば、なんといっても、山頂ライブカメラでしょう。パッと見た目にはどこにあるか分からないのですが、ちょうど山頂看板あたりを二四時間、ライブで映し続けております。（写真④）

　その動画はインターネットで配信されており、「金剛山ライブカメラ」で検索すればヒットするかと思います。かつて、あまりにも山頂天候の問合せが多かったため、導入されたそうです。

　面白いのは、カメラは一時間毎にシャッターを切り、静止画も撮ってくれること。一人で来たとき、誰かに「写真、お願いします」と頼まなくてもいいので、シャイな人にはありがたいですね。ただし、画像は極めて不鮮明ですが。

　ところで平成二十九年春、ＮＨＫ、ＴＢＳと立て続けに、全国ネット番組にて金剛山が取り上げられました（それ以降も、テレビには頻繁に取り上げられています）。

　正確には、金剛山そのものよりも、このライブカメラにスポットを当てられたのです。ＴＢＳでは某報道番組内での小ネタ扱いでしたが、ＮＨＫでは『ドキュメント72ｈｏｕｒｓ』という有名なドキュメンタリーで、一本丸々取り上げられました。

番組内では、山頂ライブカメラに映る人達の、様々な人間模様が特集されていました。

一般に登山と言えば、非日常。しかし金剛に登る人にとっては、それは日常であることが多いのです。

毎日早朝五時に登る人、散歩ついでに登る老夫婦、仕事帰りに登る会社員などなど、そこには彼らの日常がにじみ出てくるわけです。観光客が非日常を楽しむ、他の山では絶対にあり得ない雰囲気を、金剛山頂では味わうことができるのです。

番組の反響は大きかったようで、このライブカメラ（一時間毎のシャッターチャンス）に映り込もうとする人が、以前と比べて明らかに増えております。

毎時○分になると、どこからともなくワラワラと、山頂看板周りに人が集まってくるのです。中には五分程前から、「場所取り」をしている人も。祝

写真④（山頂ライブカメラ）

日の午前中など、何十人と集まることも珍しくありません。ライブカメラにカウントダウン機能はないので、毎時五八～五九分くらいから、皆、じっと固まります。

知らない人同士、肩を寄せ合い、じっと息を殺してシャッターを待ちます。しかも、シャッター音は鳴らないので、しばらくは固まったままです。カメラの存在を知らない人から見れば、かなり異様な光景ですね。

ただ、ここにある種、異様な連帯感が生まれたりもするわけです。この連帯感は嫌いではないので、私もよく静止画には映り込んでおります。

そして、この一時間毎の静止画は、即、インターネットにアップされます。なので、その場で即、スマホで確認する人も少なくありません。登山者の多くは高齢者ですが、皆さん、けっこうスマホを操っております。やはり登山をする人は、体も頭も若いです。

このライブカメラの静止画を、子どもや孫に見てもらうことを習慣にしている方も少なくありません。普段ほとんど会話はないが、ライブカメラを媒介に、家族のコミュニケーションを保っている人もいると聞きます。また、高齢の親の安否確認にも一役買っていそうですね。

金剛山に登った際には、ぜひ一度は、ライブカメラに映ってみてはいかがでしょうか、いい記念になりますよ。ただし、静止画は二十四時間で消滅（上書き）されるので、保存をお忘れなく。

山頂到達時刻が一〇時五分とか一四時二分とか、次のシャッターまでけっこう時間があるが、それでもどうしても毎時〇分の静止画に映りたければ、山頂で時間を潰すことになります。

登拝者名掲示板（74ページ参照）にて知り合いがいないか探すのも良し、転法輪寺（107ページ参照）の境内を散策するも良し、売店・自動販売機があるので軽食やドリンクでくつろぐも良し。

ちなみに私は、掲示板前にある吊り輪で、筋トレをして時間を潰します。最低、その日の登頂回数分、懸垂するのをマイルールとしております。というとカッコ良いですが、登頂一〇〇回を超えたあたりから、このルールを設定したこと激しく後悔しております（でもまだ、続けています）。

ここがスゴイ！金剛山
【4：樹氷】

金剛山は、春夏秋冬、いつでも気軽に登れる山です。

春は新緑、夏は避暑、秋は紅葉、冬は雪景色と、四季折々楽しめます…が、日本の低山であれば、大抵がそうですよね。

では、金剛山のスゴイところはどこか、それは冬の樹氷です。

樹氷とは、気温が氷点下のもと、空気中の過冷却された霧粒や雲粒が、木々に吹き付けられて凍結付着したもの。と、文章で説明すると理屈っぽくなりますが、これは理屈抜きに、実際に見て、その息を飲む美しさを感じていただきたいところです。

日本では、山形蔵王の樹氷が有名ですが、これは圧倒的なスケール感が売り。

金剛山の樹氷はそういった威圧感ではなく、繊細さが売り。その美しさは、日本屈指だと思っています。日本樹氷コンテストがあれば、いい線いくのでは…と思っています。（写真①②③）

写真①（樹氷１）

樹氷で有名な山は珍しくはないですが、金剛山は

「アクセスの良さ」が素晴らしいわけです。大阪都心部からでも、電車・バスを乗り継ぎたった一時間程で、一面の銀世界を味わえます。

車で行く場合も、登山口まで整備された道路が続くので安心です。対向車にビクビクしながら運転するような狭い山道は一切ありません。バスも通る道なので、冬場はしっかり除雪剤が撒かれます。なので、冬場であっても、たいていの日はノーマルタイヤでOKです（とはいえ、急な積雪等に備えて冬タイヤ・チェーンの装備が望ましいですが）。

そんなアクセス抜群の「近郊の山」ですが、それでも標高一〇〇〇m超、冬場にはしっかり雪は積もります。

府民の森ちはや園地（102ページ参照）の広場など、普段はこんもりとうず高い山があるだけのただの広場ですが、雪が積もれば、子供達の絶好の遊び場となります。なるほど、あのうず高い山はプチスキー場となるのか、と妙に納得です（設計者の意図は知りませんが）。

大阪の平野部では、雪が積もることは滅多にありません。なので、わざわざスキー場等に行かなくて

写真②（樹氷 2）

写真③（樹氷3）

も雪遊びができる穴場としても、金剛山は有名なのです。

それゆえ、冬場の金剛山は登山者だけでなく、子連れのレジャー客が大挙して押し寄せます。

彼らはたいてい、ロープウェイでちはや園地へ行きます（山頂までは行かない）。つまり、ロープウェイ前の駐車場は混み合うので、冬の土日祝はそちらからの登山は避けた方が賢明でしょう。

金剛山の積雪シーズンは、だいたい一二月中頃から三月いっぱいくらいまで。

ただ、日によって積雪量には大きな差があり、もちろん樹氷の有無も天候次第。寒いからといって、樹氷があるとは限りません。ちなみに先日、大寒波が襲来し、山頂気温はなんとマイナス10度を記録しました。しかし、樹氷はまったく見られず…この日、樹氷を期待して金剛山に行った人は、残念ながら、ただただ寒かっただけなのでした（それでも雪景色は楽しめたはずですが）。

かつては、自宅から金剛山を見て、「上の方が、白いな…」程度で判断（かなり大ざっぱ）していたのですが、今やインターネットの「金剛山積雪情報」サイトを知ってからは、必ずこちらをチェックするようにしております。

そのサイトでは、午前七時現在の『積雪』『樹氷の有無』『気温』『天気』、さらには『アイゼンの必要性』までもがアップされているので、ありがたい限りです。

真冬であっても、山頂で雪が降らなければ、当然ながら積雪はゼロ。一面の銀世界を期待して登った人は、ガッカリですよね。私はそれほど雪には執着していませんが、溶けた雪が泥と混じってグチャグチャになった道は嫌なので、冬場は極力、そこそこ雪が積もった状態の日を選んで登っております。

普段は数センチ程度ですが、ドカッと雪が降ったときには、数十センチ積もります。これだけ積もれば、かなり楽しめるわけですが…。

ただ、やはり考えることは皆さん同じ、そんな日の登山者は普段の二倍、三倍です（私の体感）。アクセスが良いだけに、皆さん、思い立って来られるわけですね。

とくに千早本道や伏見峠といったメジャールートには大勢の登山者が訪れ、雪は踏み固められ、昼過ぎにはカチンコチンのアイスバーン状態になることも。これはこれで、スケート状態で楽しかったりもするわけですが（登山スティックを、スキーステイックにしてクロスカントリー…は危ないのでやめましょう）。

一方で、千早本道や伏見峠以外のルートであれば、雪そのものをたっぷり楽しめます。

ちょっとマイナーなルートを行けば、まだ誰も足を踏み入れていない、手つかずの雪が一面に広がっています。そして雪もキレイなので、私はたまにクーラーBOXを持っていき、雪を詰め込み、子どものお土産にしています。（写真④）

ちなみに、冬場はアイゼン必須です。

積雪ゼロでも、凍結していることが多く、登りはよくても下りで往生します。所々、アイスバーン状態になっている急坂があって、へっぴり腰で恐る恐る下っている人をたまに見かけます（あまりカッコ良くないです）。

もっとも、アイゼンは本格的なヤツでなくとも、簡易アイゼンで十分。

最近はワンタッチで装着できるお手軽なものがありますよね。ちなみに慣れた常連さん達は、長靴（底が分厚くギザギザのタイプ、おそらく田植え用）着用です。

あと、冬場の山頂気温は氷点下は当たり前で、マイナス七～八度になることもあります。

もっとも、吹雪で前が見えずに…みたいなシビアな状況になることはありませんが、それなりの防寒装備は必要です。ちなみに樹氷は、午前中には溶けてなくなってしまうことが多いので、樹氷目的であれば、お早目に。

写真④（深雪）

ここがスゴイ！金剛山
【5：施設】

金剛山には、ロープウェイがあります。（写真①）

しかも、全国でも珍しい「村営（千早赤阪村）」のロープウェイです。

ロープウェイ乗り場は、バス停『ロープウェイ前』より徒歩一〇分ですが、けっこう急坂を歩くので、油断していると、ロープウェイに乗る前に疲れてしまうので要注意。

土曜、平日は毎時〇・三〇分、日祝は毎時〇・一五・三〇・四五分に出発。

わずか六分で、山の中腹に到着。そう、残念ながら山頂までは行きません。山頂へは、ロープウェイ終点から三〇〜四〇分程度歩きます。わりとゆるやかな登りとはいえ、「すぐに山頂だ」と思っていると、意外としんどいものです。

ただ、ちはや園地（後述の宿泊施設やレストラン、広場やミュージアムなど）までは五分程度なので、山頂まで行かずに、そこで遊ぶつもりであれば、絶好のポジションですね。

料金は片道七五〇円ですが、金剛山錬成会員（60ページ参照）は一〇％割引と、ちょっとお得で、ちょっとした優越感に浸れます。とは言え、錬成会員がロープウェイに乗ることは滅多にないのですが。

ちなみに最近、このロープウェイも流行のラッピングを施したようで、ここはベタに、楠木正成をアピールしております。

金剛山には、宿泊施設もあります。

その名は『香楠荘』（写真②）、やはり楠木正成の

「楠」を入れてきますね。

宿泊メニューとしては「とり鍋プラン」「すき焼きプラン」、さらには「但馬牛ステーキ会席プラン」など豪華なプランもありますが、あえて金剛山で但馬牛を食べる必要性はないかと。やはりおススメは、「金剛会席プラン（地元のマス塩焼きや、金剛山名水で打った自家製そばなど）」でしょう。

写真①（ロープウェイ）

そして、自慢の大浴場は、金剛山の湧水を使った古代ひのき風呂。

これは日帰りでも入浴可です。しかし、そこからの下山時にまた汗をかきそうで、そして冬場は湯冷めしそうで、私はこれまで、一度も利用したことはありません。このお風呂には、宿泊したときに入ろうと、ずっと楽しみにとっております。

ただ、地元の我々が、わざわざここに泊まる必要性はまったくないことに、最近ようやく気づきました。

香楠荘に泊まれるのは（そして名物古代ひのき風呂に入れるのは）、ある意味、遠方からの方の特権ですね、ぜひ、ご利用くださいませ。

写真②（香楠荘）

実はつい最近、ここの指定管理業者であった「グルメ杵屋」が撤退しました。

かつて、グルメ杵屋が指定管理業者となった際には、外装も内容も、大幅なリニューアルが行なわれたそうです。なので、グルメ杵屋撤退時には、いったい何が起こるかと、期待をしておりましたが、パッと見た目は、ほとんど変わっていないようです。

とりあえずは、ホームページはすごくカッコ良くなっておりましたが（フェイスブックやインスタグラムと連動させ、今風に）。

そして、香楠荘の向かいにあるのが『ちはや星と自然のミュージアム』（写真③）。

なんだか煌びやかな名前ですが、なかなか年季が入った建物です。屋根には草が生い茂り、これは自然を意識して狙ってやっているのか、単に荒れているだけなのか、その判別は悩ましいところです。

館内には、金剛山の自然（草花、野鳥、小動物、昆虫など）の写真やパネル、標本や工作などが展示されています。

また、ちょっとした実験・観察であれば、予約なしでできたりもします。

屋上には星見台があって、月一～二回程度、星空観察会が行なわれているそうです。そこは、近畿で一番高いところにある天体観測施設らしく、なんだか期待できそうですね。

毎週第一・三日曜には、ガイドウォーク（ガイドさんが金剛山の自然を案内してくれる）が実施されています。参加費一〇〇円、当日参加で一時間程度とお手軽なツアーです。

内容は、季節やリクエスト、そしてガイドさんのノリで決まるようで、私が子連れていったときは、「うんこを探そう」でした。これは子どもウケを狙ったな、と。あ、もちろん小動物（うさぎやテンなど）のうんこですよ。

また、「昆虫・野鳥観察会」や「ネイチャーゲーム」「自然の実験・工作会」も定期的に開催されるので、ファミリー層にバッチリですね。

写真③（星と自然のミュージアム）

あと、金剛山は、野鳥の宝庫。

しかも、ミュージアム周辺の野鳥は餌付け（？）されているのか、警戒心ゼロ。かなり近くまで寄ってきます、というか、直接手のひらから餌を食べたりもします。この体験だけでも、金剛山に来る価値があるのでは、と思っております。

ちなみに、「金剛山の野鳥」という本も売っているようです。

また、金剛山は草花の宝庫。

ロープウェイ駅から香楠荘にかけては、「しゃくなげの路」など、草花を楽しめる遊歩道も整備されています。ヤマツツジ、カタクリ、クロユリ、クリンソウ…などなど、季節ごとに様々な草花が楽しめます。

ちなみに、「金剛山の草花」なる本も売られているようです。

実際、金剛山の常連さんには草花に興味のある方が多いようで、登山道でも、撮影している姿をよく見かけます。小さな草花ですから、相当近づいて撮るようで、たまに腹這いで撮っている人も。

あれは、遠目に見ると、倒れているように見えてこっちが焦るので、個人的にはヤメテくれと、密かに思っています。

ミュージアムの近くには広場があります。遊具は少なくて普段は人もまばらですが、冬場に雪が積もれば、大賑わいとなる広場です。

あと、大阪で最も標高の高いキャンプ場は、広場から徒歩五分です。ピザ窯やバンガローもあったりもします。

さて、ここまで紹介してきた数々の施設、ロープウェイ・香楠荘・ミュージアム・遊歩道・広場・

キャンプ場…これらすべてひっくるめて、ここら一帯は「大阪府民の森『ちはや園地』」の敷地となっています。

　金剛山は登山だけではなく、一大レジャースポットでもあるのです。

写真④（野鳥）

ここがスゴイ！金剛山

【6：修験道】

金剛山は、「修験道」の山です。

修験道とは、日本古来の山岳信仰と仏教が習合した、日本独特の宗教とされています（諸説アリ）。

まぁ、一般的にイメージするのが、「山伏」でしょうか。白装束で法螺貝を吹いている人ですね。

修験道の実践者である山伏は、日本各地の霊山に分け入って厳しい荒行をこなし、心身を磨き鍛え、超自然的能力（これを「験力」と言うらしい）を得て悟りを開き、衆生（＝生きとし生けるものすべて）の救済を目指すのです。

金剛山は古来より、そんな修験道実践の霊山でもあるのです。

でも安心してください、金剛山に山伏がうようよいるわけではありません。仮にいたとして、我々に危害を加える存在ではございません（何となく怖いイメージはありますが）。

ちなみに、山頂の葛木神社（写真①）に祭られている「一言主（84ページ参照）」は、金剛山周辺ではお馴染みの神様で、修験道の神様と言われています。

修験道の霊山は、金剛山以外にも「恐山（青森）」「羽黒山（山形）」「高尾山（東京）」「白山（石川）」「立山（富山）」「富士山（静岡）」「大峰山（奈良）」「熊野三山（和歌山）」「石鎚山（愛媛）」「剣山（徳島）」などなど、日本各地に多くあります。

いずれも全国レベルでは、金剛山よりはるかに知名度の高い山々ですね。

しかし、そんな有名な山々の中にあって、金剛山は、修験道にとって特別な山なのです。

なぜなら金剛山は、修験道の開祖である役行者の修行地だったからです。

役行者、または役小角。実在の人物とはされていますが、諸々の詳細はほとんどが不明で、半ば伝説的な存在となっています。

伊豆大島から海を歩いて富士山に登ったとか、二匹の鬼（前鬼・後鬼）を従えていたとか、神様をこき使っていたとか。

写真①（葛木神社）

ちなみに、そのこき使われた神様が、前述の一言主。一言主の勤労態度が悪かったということで、役行者は一言主を縛りつけ、山中に放置したとか。神様を縛りつけるって…。

もっとも、この一言主もかなり特異な神様で、時代とともに、だんだん地位が低下していくのです。

写真②（矢刺神社）

『古事記』では、天皇をも畏れさせる神様でした。それが『日本書記』では、天皇と一緒に楽しく狩りをするなど、対等な立場となっています。なお、そのときの天皇は雄略天皇で、狩りを楽しんだとされる矢刺神社（写真②）は、葛木神社前にあります。

そして『続日本書記』になると、天皇と狩りの獲物を争ったとかで、なんと土佐に流されているのです。神様を、罪人扱いです。

そんな一言主の地位低下の背景には、かつて興隆を極めた葛城一族（金剛山周辺が本拠の豪族）の衰退があると言われています。一言主は、葛城一族の氏神なのです。

そして、役行者も葛城一族の出身だと言われています。

その数々の武勇伝は、歴史上のどの人物よりもスケールが大きいのではないでしょうか。比肩し得るとすれば、日本各地に伝説を残している弘法大使（空海）くらいでしょうか。

いずれにせよ、キリスト教で言えばキリスト、仏教で言えばお釈迦様的な存在ですから、修験道の関係者で、役行者を知らない人は絶対にいないはずです。

そんなスゴイ人物が、ここ金剛山で修業をしていたとは、（私とは全く関係ないですが）何となく誇りに思っております。

ちなみに役行者の出身は、金剛山のお隣、葛城山の麓。金剛山での修業後は、吉野・大峰で修験道の礎を築いたとされています。それゆえ吉野・大峰は、今では全国各地から山伏が集結する、修験道の聖地となっております。

なお、伏見峠ルート（18ページ参照）の途中にある展望台からは、遠く吉野・大峰山系（山上ヶ岳、稲村岳、八経ヶ岳（↑近畿最高峰）など）が見渡せます。ちなみに役行者は、ここ金剛山から吉野まで、石橋を架けようとしていたみたいです。さすが、やはりスケールが違いますね。

山頂にある転法輪寺（写真③）は、その役行者が創建したお寺です。現在、修験道は、「真言宗系」と「天台宗系」とに大きく分かれますが、このお寺は「真言宗醍醐派」となっています。

転法輪寺境内には、ひさご池（豊臣秀吉が参詣の

写真③（転法輪寺）

際に掘った、瓢箪型の池）や十三重の塔、樹齢三〇〇年を誇るしだれ桜、そして前述の役行者を祀った役行者堂（写真④）など、それなりに見所があったりもします。

ちなみに、転法輪寺から山頂に向かって歩いてすぐに、なんとバス停（写真⑤）があります。

転法輪寺までバスが来るわけないですね。さすがの役行者も、そこまでの「験力」はありません。これはただの案内版（時刻表）です。

たまに、本気でバスが来ると思っている人がいるとか、いないとか（紛らわしい）。

でも、バスの本数はそう多くはないので、この案内板（時刻表）のおかげで下山するタイミングが読めるので、ありがたいんですけどね。

山伏、ひいては修験道は、かつては人々の暮らしに欠かせない存在だったとされています（主に加持祈祷等を担っていた）。一説によると、明治初期における山伏の数は二〇万人近く、これは現在の総人口で換算すると、六〇万人以上だったとか。

それだけ、市井の暮らしに溶け込んだ存在だったわけです。

しかし、神仏習合（神と仏が一緒に祭られる）で

写真④（役行者堂）

ある修験道は、明治になっての神仏分離令、そして修験禁止令によって禁止され、廃仏毀釈によりほぼ根絶やし状態となってしまったのです。かつては修験道の霊地として全国にその名を轟かせ、山頂には宿坊などもあってかなり賑わっていた金剛山も、例外ではありませんでした。

　その後、戦後に復活した修験道ではありますが、その壊滅的な損害の影響は大きく、かつての興隆を取り戻すには至っておりません。実際、我々が日常生活で、山伏と出会うことなど、ほとんどないですよね。

写真⑤（バス停）

　金剛山頂には、「ご本尊復刻遷座」（写真⑥）との立板があります。なぜか、トイレ前に。

　平成の世になってようやく…との感は否めず、それだけ、修験道への弾圧っぷりは、筆舌に尽くしがたいものだったのでしょう。

　しかし今、この先行き不安な世の中において、修験道がちょっとしたブームとなっていることはご存じでしょうか？

　氾濫する情報、多様化する価値観、慌ただしい日常生活から離れ、山に籠って修行をすることで、自然の中で己を見つめ直そうとする（己と向かい合おうとする）人が増えているらしいです。

　そこまで真剣でなくとも、山登りの延長で、興味を持つ人も少なくありません（私がそうです）。

　修験道本来の目的である、「超自然的能力を身につけたい」と本気で考えている人は、多分、あまりいないと思います。身につけることができれば、カッコいいですが。

写真⑥（ご本尊復刻遷座の立板）

　また、「紀伊山地の霊場と参詣道」が世界遺産に登録されたことも、修験道が世に知られる、大きなきっかけにもなりました。山岳霊場は、修験道と非常に関わりの深いものですから。

　そんなプチブームの中、全国各地の霊山では、修験道の修行体験（半日程度のプチ体験から泊りがけのガチンコ修行まで）が行われており、かなり人気があるそうです。

　実際、私も数年前、大峰山での一泊二日山伏修行に行って、水行を行い、崖によじ登り、断崖絶壁に逆さ吊られ、泣きそうになりました。うっかりガチンコ修行に行ってしまいました。たまに、そんなうっかり者もいるわけですが。

　そしてこの転法輪寺でも、毎月第三日曜日には山伏修行体験が行なわれています（これはプチ修行）。

また、役行者の命日である毎年七月七日には、最大のイベントとして蓮華祭りが行なわれます。大護摩が焚かれ、火渡り修行はなかなかの見物です。ちなみに一般参加も可能とのこと。

もちろん、山伏が大勢やってきますので、生の山伏を見てみたい…と人はぜひ、ご見学ください。

普段、なかなか接することのない修験道ですが、このように金剛山では、わりと身近に味わうことができるのです。

ここがスゴイ！金剛山
【7：グルメ】

金剛山に、旨いものアリ。

山頂売店のおでんや珈琲も美味しいと評判ですが、「金剛山グルメ」を標榜するのであれば、以下の二軒は外せません。

一軒は、千早本道入口にある『山家料理まつまさ』（写真②）。

山家料理？……あまり聞いたことないジャンルですが、「山で食べる、みんなで食べる料理」だそうです。ということは、メニューは何でもアリということですね。実際、うどん・そば・カレー・らーめん・すしなど、節操なく、何でもござれです。

とくにステーキ、バーベキュー、ロースカツ、ローストポークなど、わりと豪華な肉料理をプッシュしているようですが、ここはもともと、しいたけ養殖場（「しいたけセンター」との名称）だったこともあり、しいたけ料理がおススメ。肉料理に比べて、安いですしね。

とくに一押しは、「しいたけごはん七〇〇円」（写真①）。大きな茶碗にたっぷり盛られて、しいたけたっぷりのみそ汁もついてくるので、お昼はこれで十分だったりします。

また、しいたけの天ぷらが入った「しいたけそば六五〇円」も、天ぷら衣のコクと、しいたけのダシが染み込んでいて絶品です。すしプラス（＋二五〇円で巻き寿司二個といなり二個）にすれば、最強の組み合わせとなります。

ちなみに、どんな料理にでも、「しいたけ茶」がサービスされます。まさに、しいたけづくしです。一口含むと、しいたけの香りで一杯になり、すごく濃厚。多少、塩分がキツイですが、登山で汗をかい

写真①（しいたけごはん）

た後には最高でしょう。
ただし、最初の一杯だけで、後は、普通のお茶が提供されます。

あと、お腹とお金に余裕があれば、冷奴四五〇円を追加するのおススメです。

金剛山の湧水を使って、毎日手作りしている豆腐も味わいたいところです（別館「山の豆腐」にて、豆腐をはじめ、豆乳・厚揚げ・卯の花など、豆腐商品の持ち帰りもやっています）。実は、豆腐も名物なのです。ちなみに、冬場は湯豆腐や豆乳鍋もいいでしょう。

また、一八〇〇円～二二〇〇円もする「お豆富御前」は、ハレの日のとっておき。

メニューにある「豆富を主役に、四季の変化に応じて、金剛山の装いのように内容を変更する場合が

写真②（まつまさ）

御座います」との文言が、何が出てくるのか、とワクワクさせてくれますね。

ちなみに私は、登頂五〇回など、節目の記念に注文しています。

と言いながら、たまに七七回、一一一回など、ムリヤリこじつけても注文しているので、ワクワクは薄れてきましたが、それでも安定の充実ぶりです。一〇〇回登頂時に注文した際には、「今日で一〇〇回目なんですよ」と言ったら、みかん（非売品）をつけてくれました。何だか、何かを催促したみたいで申し訳なかったですが（少し期待はしていましたが）、この場を借りて、お礼申し上げます。

ただ、次行ったときには、「ご自由にお取りください」と各テーブルにみかんが置いてありました。

ちなみに、名物スイーツは「棚田米プリン」。

日本棚田一〇〇選に名を連ねる、地元千早赤阪の棚田の米と豆乳から作られた、やさしい味のプリンです。珈琲とセットで、（どう見ても、カフェという雰囲気からはほど遠い）まつまさをカフェ使いできれば、相当な金剛山ツウと言えるでしょう。

さて、もう一軒は、星と自然のミュージアム（100ページ参照）近くにある『ひとやすみくすのき』。

ロープウェイ金剛山駅から約三〇〇m登ったところ、宿泊施設「「香楠荘（98ページ参照）」内にあります（香楠荘のレストランでもあります）。

ここはもともと、グルメ杵屋が運営する『蕎路坊』というお蕎麦屋さんでした。

グルメ杵屋とは、全国にうどん・そば・和食・洋食など、様々な店舗を展開する大手外食チェーン。そば処の『そじ坊（「蕎路坊」との表記は、なぜかこの店だけ）』だけでも、東京二三区に三〇軒以上あるので、行ったことのある人も多いのでは。

ただ、香楠荘の運営管理業者の変更に伴い、グルメ杵屋（＝そじ坊）は徹底。

わりと利用していた私は、お店そのものがなくなるのでは…と心配しておりましたが、お店は存

写真③（辛み大根おろしそば）

続。しかも、メニューは基本的に「そじ坊」のままです（どういった契約かは分かりませんが）。味も、そのまま「そじ坊」の味です（あくまでも、私の舌基準ですが）。

どうやら看板（店の名前）が変わっただけで、中身は「そじ坊」の頃のまま、外観・メニュー・値段・味・システムは、そのまま引き継がれたようです。

さて、気になるそのお味ですが、そこは元大手チェーン店ならではの安定の美味しさ（実際、そじ坊のファンは少なくないはず）。それが金剛山頂付近くというロケーションで、美味しさ二割増し。そして、このお店のそばは「金剛山の湧水」を使っての自家製麺、その付加価値で美味しささらに二割増し。

一×一・二×一・二＝一・四四、普通のそじ坊の一・四四倍の美味しさになる計算ですね。

そじ坊に行ったことのある人であれば、ぜひ、その違い（？）を確かめてください。

メニューはたくさんありますが、おススメはやはり「そば」、できれば「冷たいそば」のシャキシャキ感を楽しんでください。（写真③）

そして嬉しいことに、下界（？）の「そじ坊」と、ほぼ同じ価格設定。

山頂付近だからと言って、とくに高いわけではありません。食材や備品の配送、水道電気ガスなど、それなりのコストがかかっているだろうに、なんとなく得した気分です。

あと特筆すべきは、金剛山の湧水とそば茶が、セルフサービスで飲み放題ということ。

貧乏性がゆえに、熱々のそば茶を金剛山の湧水で一：一で割って、生ぬるくして何杯も飲んでおります。なので下山時、いつもお腹をタポンタポンいわせて苦しんでおります。

最後に、せっかくなので、バス停「金剛登山口」と「千早ロープウェイ前」との間の道沿いにあるお店を二軒、紹介しておきましょう。

一軒は『ウッディハート』というパスタのお店。手作りログハウスで、テラスや暖炉もあって、雰囲気抜群です。先に紹介した『まつまさ』『ひとやすみくすのき』の一〇〇倍、オシャレな雰囲気のお店です。千早ベーコンスパや金剛サントーレ（ピザの名前）など、金剛山を前面に出したメニューが嬉しいところ。

もう一軒は『千早マス釣り場』ですが、この中に食堂があり、釣りをしなくても食事ができます。渓流を眺めながらの、マスの塩焼き定食は絶品です。

いずれのお店も、金剛山に登らずとも、その店だけを目当てに行く価値はありますよ。

おわりに

昨年、ＮＨＫの人気番組『72ｈｏｕｒｓ』に金剛山が取り上げられ、大きな反響を呼びました。

また近年では、他の民放番組でも「回数登山の山」としてよく取り上げられており、新聞、雑誌、漫画などのメディアでもよく登場しております。

もっとも、以前からも、身近な「関西の山」としてよく取り上げられてはいましたが、近年では「金剛山」として取り上げられることがほとんどです。

これには、普段から金剛山に登っている身としては、「ようやく、金剛山の魅力に気付き始めたか…」と、密かに優越感を感じております。私はもっと前から知っていたのだよ、と（もちろん、もっともっと前から知っていた人も山ほどおりますが）。

そして、来たるべき金剛山ブーム（？）の波を、ヒシヒシと感じております。

実際、最近では、若いカップルや外国人など、これまであまり見受けられなかったような人たちも、金剛山で見かけるようになっています。

そんなこともあって、「これは、金剛山の魅力を、もっと多くの人に知ってもらわねば」と、妙な義務感と使命感に駆られたのが、本書執筆のきっかけです。

ただ、私は山岳関連の仕事をしているわけではありません。

しかし、ファイナンシャル・プランナー（お金の専門家）として、これまで何冊か本を出させていただいており、今こそ、その経験とノウハウを金剛山のために使えるのではと思い、執筆致しました。

登頂一〇〇〇回以上の猛者がゴロゴロいる中で、現在、一八〇回程度の私が金剛山本を執筆するのはおこがましいところもありますが、そこは、登頂一〇〇〇回を目指している思いをエネルギーにして、気合を入れて書けたと自負しております。

それでは今から、氷瀑を目当てに、ツツジオ谷ルートで、金剛山に行ってきます。

藤原久敏

二〇一八年二月、自宅から金剛山を眺めながら。

■著者
藤原久敏
1977年大阪府大阪狭山市生まれ。
大阪市立大学文学部哲学科卒業後、尼崎信用金庫勤務を経て、
ファイナンシャルプランナーとして独立。
投資に関する講演・執筆業に注力しており、
主な著書に『あやしい投資話に乗ってみた（彩図社）』
『60歳からのお金の増やし方（スタンダーズ）』
『月15万円を確実に稼ぐ守りの投資術（鉄人社）』などがある。
自営業の立場を活かし、少しでも時間が空けば、金剛山へ登っている。
現在、登頂180回超。

100回登っても飽きない金剛山
世界に誇る［回数登山］ルートガイド

■発行日　平成30年3月30日（第1刷発行）
■著者　藤原久敏
■発行人　漆原亮太
■編集人　甲斐菜摘
■カバーデザイン・DTP　山口英雄デザイン室
■発行所　啓文社書房
〒160-0022 東京都新宿区新宿1-29-14　パレドール新宿202
電話 03-6709-8872
■発売所　啓文社
■印刷・製本　株式会社 光邦

ISBN　978-4-89992-045-8　Printed in Japan　http://www.kei-bunsha.co.jp
◎乱丁、落丁がありましたらお取替えします